河南省非物质文化遗产

忠义门拳之

西扬掌

《忠义门拳之西扬掌》编委会 编著

中原出版传媒集团
中原传媒股份公司
大象出版社
·郑州·

图书在版编目（CIP）数据

忠义门拳之西扬掌/《忠义门拳之西扬掌》编委会编著.—郑州：大象出版社，2019.8
ISBN 978-7-5711-0241-8

Ⅰ.①忠… Ⅱ.①忠… Ⅲ.①拳术—介绍—河南 Ⅳ.①G852.19

中国版本图书馆CIP数据核字（2019）第151532号

忠义门拳之西扬掌
ZHONGYIMENQUAN ZHI XIYANGZHANG

《忠义门拳之西扬掌》编委会　编著

出 版 人	王刘纯
责任编辑	邓艳谊
责任校对	安德华
书籍设计	德浩设计工作室

出版发行	大象出版社（郑州市郑东新区祥盛街27号　邮政编码450016）
	发行科　0371-63863551　总编室　0371-65597936
网　　址	www.daxiang.cn
印　　刷	北京汇林印务有限公司
经　　销	各地新华书店经销
开　　本	787mm×1092mm　1/16
印　　张	8
字　　数	90千字
版　　次	2019年8月第1版　2019年8月第1次印刷
定　　价	22.00元

若发现印、装质量问题，影响阅读，请与承印厂联系调换。
印厂地址　北京市大兴区黄村镇南六环磁各庄立交桥南200米（中轴路东侧）
邮政编码　102600　　电话　010-61264834

《忠义门拳之西扬掌》编委会

顾　　　问	赵天河　赵天民　赵传鹏
主 任 委 员	孟　强
副主任委员	孙陆军　马建波　刘洪亮
主　　　编	丹化章　关玉堂
副 　主 　编	马化林　赵来杰　关焕明　杨梦珠（女）
编　　　委	马昌忠　马昌锋　王保忠　王保堂　关　伟
	关晓领　赵西强　赵传礼　赵传振　赵德立
	赵德亮　赵德雨　赵德堂　赵世堂　赵来君
	郭　勇　海兴福　姚殿安　韩云亭

本 册 执 笔　丹化章　杨梦珠（女）
封面动作示范　关玉堂
内文动作示范　马化林

前　言

忠义门拳是河南省宁陵县回族群众世代相传的优秀武术拳种，此前只在回族中传授习练，对外秘而不传。"忠义门拳"名称，寓忠于国家、忠于民族、见义勇为、行侠仗义之意，可谓正气浩然。忠义门拳确切的创立时间已不可考，但自先师马捕头算起，至今已传六代。大约在1840年已成体系。20世纪30年代，商丘县西关回族拳师韩学恩携子韩清龙将山东回族拳师马林、马华兄弟二人所传查拳带到宁陵，使忠义门拳更为充实丰富，成为集弹腿、炮拳、查拳、华拳、红拳、教门拳、象形拳等拳术及器械、对练于一体的综合拳种。在豫、鲁、苏、皖广大地区的回族群众中习练人员众多，有较大影响。

忠义门拳现存功法12个、套路79套，其中拳术15套、器械23套、对练41套。长短器械、单双器械、软硬器械完备，二人对练、三人对练、四人对练及多人对练齐全，内容十分丰富。2013年4月忠义门拳被列入商丘市非物质文化遗产名录，2015年

10月被列入河南省非物质文化遗产名录。为继承民族优良传统，弘扬民族优秀文化，助力全民健身运动，促进和谐社会建设，我们编写了此书。西扬掌属于忠义门拳中的拳术套路之一。

此书内容充实，朴实无华，图文并茂，图解清晰明白，力求使读者一读就懂、一看就会，易学易练，有益于忠义门拳的传播和推广。

此书的编写和出版是我们对民族瑰宝传统武术的挖掘、整理和守护，源自我们对优秀民族文化的自信和自豪。由于水平有限，书中难免有不妥之处，敬请武术界同人见谅，并给予批评指正。

《忠义门拳之西扬掌》编委会

2018年3月

目 录

一、西扬掌概述 …………………………………001
（一）有关西扬掌来源的传说 …………………001
（二）西扬掌的风格特点 ………………………002

二、西扬掌基本动作与技法 ……………………003
（一）基本手型 …………………………………003
（二）基本步型 …………………………………004

三、西扬掌拳谱名称 ……………………………006

四、西扬掌套路动作图解 ………………………010

五、西扬掌套路运行路线示意图 ………………059

六、西扬掌套路动作连续演示图 ………………063

附录一　忠义门拳传系表 ………………………090

附录二　师范宛在 ………………………………092

附录三　名家风采 ………………………………101

一、西扬掌概述

(一) 有关西扬掌来源的传说

据传,西扬掌是由洪眉老道、保镖户彦和毛衣大仙三位仙人共同创编的。

很久以前的某一天,西岳华山的西峰之上,阳光明媚、微风和煦、云蒸霞蔚、树木葱郁、野花飘香,景色如画,十分宜人。洪眉老道和保镖户彦神清气爽、兴趣盎然,对坐下起了象棋。棋盘小天地,一时战云密布,楚河汉界之上马跃象飞,车来炮往,虽无鼓角争鸣,却也异常激烈。厮杀正酣之时,忽然刮起一阵大风,将二人的棋盘吹翻,棋子散落一地,很是扫兴。保镖户彦怒由心生,站起来大声呵斥道:"哪里来的妖风,竟敢刮翻我们的棋盘?"只听远处有人大声回应道:"是我刮翻你的棋盘,你又能奈我何?"声到人到,一人飘然落地,站在了保镖户彦面前,来者就是毛衣大仙。未待洪眉老道插言,二人不搭话就动起手来。足足有一炷香的工夫,二人仍未分出高下。洪眉老道见状便劝说道:"不要打了。你们这一炷香的工夫整整打了九九八十一式尚未分出胜负,如果将这八十一式编排为一套拳法,推而广之,造福天下苍生,岂非幸事?"二人闻听此言,亦觉甚好。于是三人便开始创编此拳。拳术创编完成之后,三人正为将此套拳定为何名商讨推敲之时,只见华山西面的天空中,突然霞光灿烂,一只硕大的手掌在半空中熠熠生辉,一炷香的工夫方才消失。三人很受启迪。毛衣大仙说:"此手掌硕大无比,非常人之手,乃神仙之掌,此拳不妨名为'仙人掌'。"保

镖户彦道："手掌高高扬起在华山以西的半空中，此拳也可叫'西扬掌'。"而洪眉老道则说："手掌巨大，力亦巨大，此拳刚强猛烈，势如炮轰雷鸣，习练时又有中路、边路、三路之分，应叫'三路炮拳'更为贴切。"仙人掌、西扬掌、三路炮拳均有道理，经过一番激烈的争论，他们谁也说服不了谁，最后便给这套拳术定了三个名称。一套拳术三个名称，对此拳的珍视可见一斑。

西扬掌是忠义门拳中最重要的拳术套路，被誉为"看家拳"，此前只在回族中传授，对外秘而不传。

（二）西扬掌的风格特点

西扬掌姿势舒展大方，潇洒飘逸。招式快速勇猛，刚劲有力，起伏转折，随高就低，蹿蹦跳跃，指东打西，劈崩撞攒，招法凌厉，节奏鲜明，可防身健体，是一套练用结合的套路。宁陵回族群众中流传着一句谚语——学会西扬掌，打人不用想。这是对西扬掌的肯定与赞赏！

二、西扬掌基本动作与技法

（一）基本手型

1.拳（捶）

五指攥紧，拳面要平，拇指压于食指、中指第二指节处。（图1）

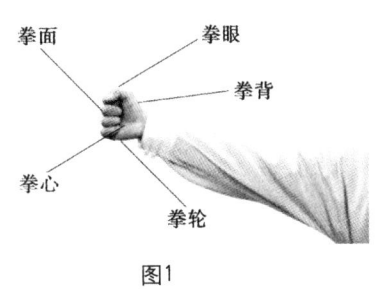

图1

2.掌

柳叶掌：拇指内屈，其余四指伸直并拢。（图2）

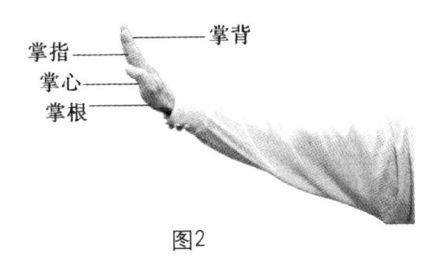

图2

3.勾

屈腕，五指撮拢，第一指节捏紧。（图3）

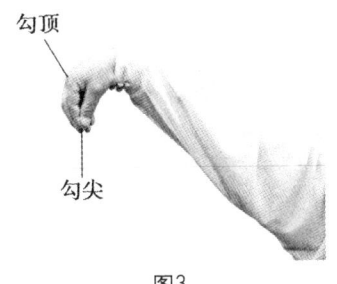

图3

（二）基本步型

1.左（右）开马步

两脚左右开立，右（左）脚脚尖向前，左（右）脚脚尖斜向前，屈膝半蹲，大腿接近水平。左脚尖斜向前为左开马步（图4），右脚尖斜向前为右开马步（图5）。

图4　　　　　　　　图5

2.弓步

前脚微微内扣，全脚掌着地，屈膝，大腿接近水平，膝关节与脚尖垂直；另一腿挺膝伸直，脚尖里扣斜前方，全脚掌着地。右腿弓为右弓步（图6），左腿弓为左弓步（图7）。

图6　　　　　　　　图7

3.仆步

一腿屈膝全蹲，大腿和小腿靠紧，全脚掌着地，膝与脚尖稍外展；另一腿平铺接近地面，全脚掌着地，脚尖内扣。仆左腿为左仆步（图8），仆右腿为右仆步（图9）。

二、西扬掌基本动作与技法

图8　　　　　　　　图9

4. 虚步

后脚外展约45度，屈膝半蹲，大腿接近水平，全脚掌着地；前腿微屈，脚面绷直，脚尖虚点地面。左脚在前虚点为左虚步（图10），右脚在前虚点为右虚步（图11）。

图10　　　　　　　图11

5. 丁字步

两腿并拢半蹲，一脚全脚掌着地，另一脚脚尖点地，靠在支撑脚内侧，支撑腿大腿呈水平。右脚尖点地为右丁字步（图12），左脚尖点地为左丁字步（图13）。

图12　　　　　　　图13

三、西扬掌拳谱名称

预备势

第一段

第一式　仙人指路，二郎担山

第二式　并步穿掌

第三式　通天炮

第四式　旗鼓势

第五式　青龙出水

第六式　抢腿龙

第七式　弓步击掌

第八式　霸王观阵

第二段

第九式　弓步劈拳

第十式　开心捶

第十一式　左单脚

第十二式　弓步崩捶

第十三式　摆莲

第十四式　通天炮

第十五式　弓步崩捶

第十六式　汤瓶势

第十七式　右单脚

第十八式　弓步左崩捶

第十九式　左单脚

第二十式　二起脚

第二十一式　偷步抢腿龙

第二十二式　犀牛望月

第三段

第二十三式　闪门大劈

第二十四式　上挂对掌

第二十五式　跑马延兽

第二十六式　挂掌提膝

第二十七式　双峰贯耳

第二十八式　扑地紧

第二十九式　丁步对掌

第三十式　弓步崩捶

第三十一式　窝心掌

第三十二式　鞋底炮

第三十三式　后点步对掌

第四段

第三十四式　转身对掌

第三十五式　提膝亮掌

第三十六式　半拉脚

第三十七式　弓步崩捶

第三十八式　转身弓步崩捶

第三十九式　摆莲

第四十式　通天炮

第四十一式　抢腿龙

第四十二式　弓步亮掌

第四十三式　甩手二起脚

第四十四式　开心捶

第四十五式　十字眼

第四十六式　马步碰捶

第四十七式　弓步劈拳

第四十八式　搬捶

第四十九式　跐步骑虎势

第五十式　弓步劈拳

第五十一式　吕布携戟

第五十二式　十字招紧

第五段

第五十三式　弓步剪掌

第五十四式　叠捶

第五十五式　弓步剪掌

第五十六式　偷步㴖掌

第五十七式　进步撩掌

第五十八式　仙人照影

第五十九式　阴阳二掌

第六段

第六十式　二马金山头

第六十一式　弓步崩捶

第六十二式　窝心掌

第六十三式　鞋底炮

第六十四式　偷步剪掌

第六十五式　旋风脚

第六十六式　十字眼

第六十七式　并步碰捶

第六十八式　弓步劈拳

第六十九式　撞勾

第七十式　叠捶

第七十一式　拍腿攒捶

第七十二式　一步两捶

第七段

第七十三式　叠捶

第七十四式　拍腿攒捶

第七十五式　开心掌

第七十六式　开心捶

第七十七式　弓步劈拳

第七十八式　狮子大张嘴

第七十九式　败势

第八十式　进步托掌

第八十一式　旗鼓势

收势

四、西扬掌套路动作图解

注：1.动作图解中，实线（→）表示下一个动作右手、右脚的运动路线，虚线（-→）表示下一个动作左手、左脚的运动路线。

2.预备势面对方向若为南，则收势面对方向则为北。

3.个别动作图解与文字在细节上可能有细微出入。

预备势

两脚并步站立，脚尖向前，两腿夹紧，两臂自然垂于身体两侧，两掌掌心向内，指尖向下贴于两腿外侧裤缝，同时顶头立颈，下颌微收，挺胸收腹塌腰，怒目有神，向前平视。（图1）

图1

第一段

第一式　仙人指路，二郎担山

1.接上势并步站立不动，两掌上提至腰间后下按，掌心向下，指尖向前，力达掌根，目视左前方。（图2-1）

图2-1　　　　图2-2

2.左脚上前一步，右脚前跟，两脚并步站立，同时两

掌向前摆至腹部高后，向下按掌于体侧，掌心向下，指尖向前，力达掌根，目视左前方。（图2-2）

3.并步站立姿势不变，两掌同时经腹部上提至胸前，掌心相对，指尖向上，然后翻掌向两侧推出，高与肩平，掌心向外，指尖向上，力达小指一侧，目视左掌。（图2-3、图2-4）

图2-3 　　　　　　　图2-4

第二式　并步穿掌

接上势，并步站立姿势不动，左掌向上经面部向下向左画圆，同时，右掌下落经腹部、面部向上向右画圆，两掌在面前交叉时，左掌在外右掌在内，掌心均向内。绕环两周后，右掌上架至头上方，掌心向上，左掌下按至腰部，掌心向下，指尖向前，目随右手。（图3）

第三式　通天炮

接上势，左腿直立不动，右腿屈膝上提，脚尖向下，脚面绷直；同时，左掌向左向上绕环一周，击拍右膝面，右掌变拳下落经腹部、面部上冲拳至头上方，直臂，拳心向前，力达拳面，目视前方。（图4）

第四式　旗鼓势

1.接上势，上体不动，重心下落，左腿屈膝半蹲，右

图3

图4

图5-1　　　　　　　　　图5-2

脚下落震脚，目视前方。（图5-1）

2.右脚向后方退步，左脚向后方退步，脚尖左转90度，两腿屈膝半蹲成左开马步；同时右拳变掌下落至胸口处向右侧挑掌，左掌上提至胸口处向左侧挑掌，两臂平举，两掌高与肩平，虎口向上，掌心向外，目视前方。（图5-2）

3.步型不变，两掌同时绕环，右掌向前向后绕环，左掌向后向前绕环，绕环两周后，右掌上架于头上方，掌心向外，左掌变拳，拳面下栽于左膝面上，拳眼斜向内，目视左前方。（图5-3至图5-5）

图5-3　　　　　　图5-4　　　　　　图5-5

第五式　青龙出水

接上势，左脚向前上半步，左腿屈膝半蹲，右脚前跟，脚尖点地成右丁字步；同时，身体左转，右掌从上向前下落，向后反穿掌变勾手，勾尖向上，略低于肩，左掌向前推出，高与肩平，指尖向上，掌心向前，目视左掌。（图6）

图6

第六式　抢腿龙

1. 接上势，右腿向右斜后方退一大步，身体右转，右腿直立，左腿屈膝上提，脚尖向下，脚面绷直，右勾手变掌与左掌同时收到胸前，两掌交叉，左掌在内、右掌在外，两掌心均斜向外，目视两掌。（图7-1）

图7-1　　　图7-2

2. 右腿屈膝全蹲，左腿下落伸膝成左仆步；同时，右掌向右插掌，左掌向前下方穿掌，至左脚内侧，掌心均向下，目视左掌。（图7-2）

第七式　弓步击掌

1. 接上势，重心后移，右脚内扣90度，右腿直立，左脚收回与右脚并步站立；同时左掌上举至头上方，指尖向上，掌心向前，右掌下落，回收至腰间，掌心向上，目视前方。（图8-1）

2. 右脚向前上步，右腿屈膝半蹲，左腿蹬直成右弓

图8-1　　　　　　　　　图8-2

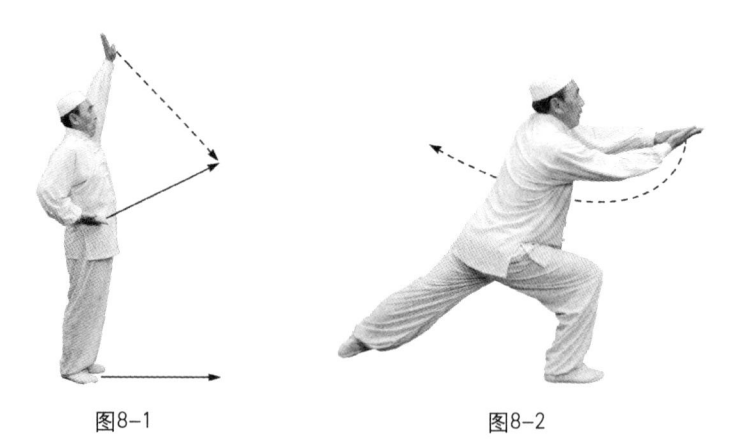

步；同时，左掌向下击拍，右掌向上撩拍，两掌心相对，在面前击响，左掌在上、右掌在下，高与肩平，目视两掌。（图8-2）

第八式　霸王观阵

1. 接上势，右弓步不动，左掌下落向后挑掌至与肩平；同时右掌翻掌前推，高与肩平，掌心向前，两掌虎口均向上，目视右掌。（图9-1）

图9-1　　　　　　　　　图9-2

2. 右腿后撤一步，右腿屈膝半蹲，左脚向前，脚尖点地成左虚步；同时两掌下落经腹前向上环绕在胸前交叉，左掌在内，右掌在外，两掌心均向内，左掌向上绕至左侧至与肩平，虎口向上，掌心向前，右掌上架至头上方，掌心向外，目视前方。（图9-2）

第二段

第九式　弓步劈拳

1. 接上势，右腿直立站起，左腿屈膝上提，脚尖向下，脚面绷直；同时，右掌下落变拳上冲至头上方，直臂，拳眼向后，力达拳面，左掌下落，击拍左膝面，目视前方。（图10-1）

2. 左脚下落，与右脚并步站立；同时，右拳不动，左掌收至腰间，掌心向上，指尖向前，目视前方。（图10-2）

3. 右脚向前上步，右腿屈膝半蹲，左腿蹬直成右弓步；同时，右拳下劈，至面前，拳眼向上，略高于肩，左掌向上，托住右小臂，目视右拳。（图10-3）

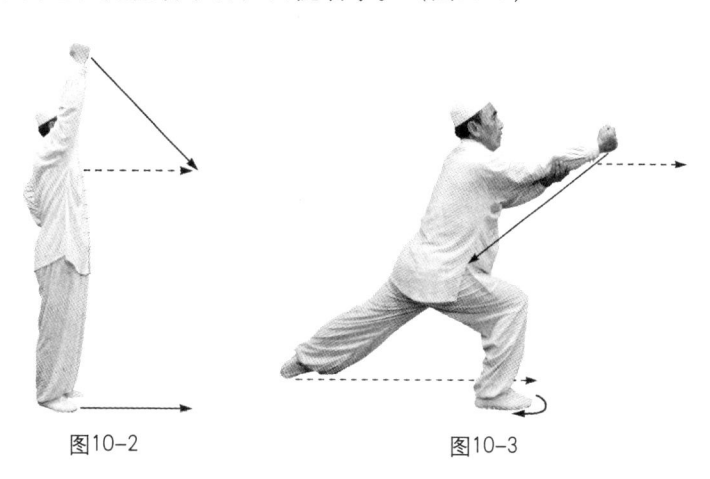

图10-1　　　　图10-2　　　　图10-3

第十式　开心捶

1. 接上势，右腿直立站起，右脚右转90度，左脚前跟与右脚并拢站立，身体右转90度；同时，右拳收至腰间，拳心向上，左掌向左侧推出，略高于肩，掌心斜向下，目视左掌。（图11-1）

2. 右脚向右侧上步，右腿屈膝半蹲，左腿蹬直成右弓步；同时左掌经面前向右侧盖掌至腹前变拳向左冲出，

图11-1　　　　　　　图11-2　　　　　　　图11-3

右拳从腰间向右冲出，两拳眼均向上，高与肩平，目视右拳。（图11-2、图11-3）

第十一式　左单脚

1.接上势，左脚不动，左腿屈膝半蹲，右脚收回，脚尖点地成右丁字步；同时右拳变掌下落，指尖向下，掌心向外，左拳变掌收至右肩内侧，指尖向上，掌心向外，目视右前方。（图12-1）

2.两腿直立，右脚向右前方上步；同时，右掌上架至头上方，掌心向外，左掌下落向后绕环至头上方，指尖向上，掌心向前，目视前方。（图12-2）

3.左腿向前上方弹踢，脚面绷直，挺膝，右掌不动，左掌向下迎击左脚面，在面前击响，目视左掌。（图12-3）

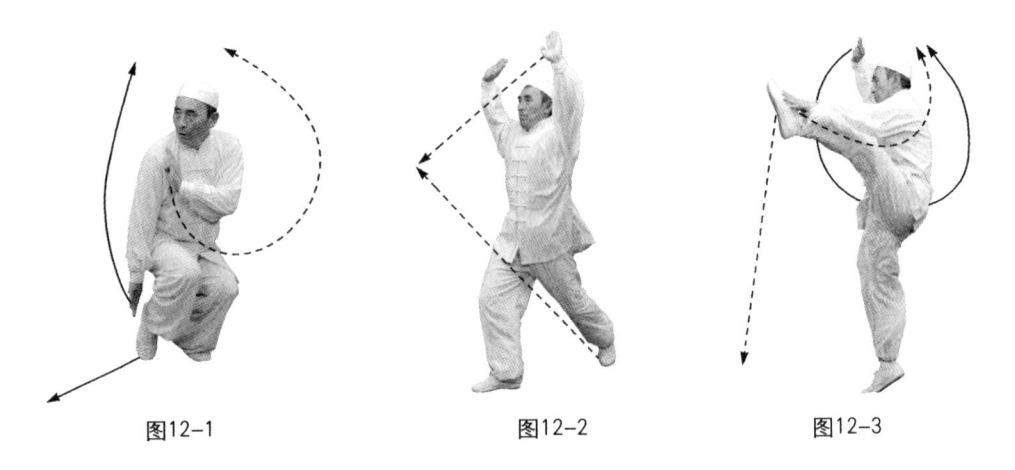

图12-1　　　　　　　图12-2　　　　　　　图12-3

第十二式　弓步崩捶

接上势，左脚向前下方落步，身体与右脚尖后转180度，右腿屈膝半蹲，左腿蹬直成右弓步；同时右掌变拳下落经腰间向上崩打，左掌下落经腰间绕环上举于头上方，掌心向前，右拳背在头上方击打左掌心，目视前方。（图13）

第十三式　摆莲

1. 接上势，左脚向左前方上步，左腿屈膝半蹲，右脚前跟，脚尖点地成右丁字步，右拳变掌，与左掌同时下落交叉收于胸前，左掌在上、右掌在下，掌心均向外，目视两掌。（图14-1）

2. 右脚跟落地，左脚向左前方上一步，直立站起，右脚上踢至面前后向右侧成扇形外摆下落，同时，两掌上举，先左后右依次击拍右脚面，目视两手。（图14-2、图14-3）

图13

图14-1 　　　　图14-2 　　　　图14-3

第十四式　通天炮

1. 接上势，身体随摆腿右转90度，右脚下落，两脚并步站立。同时，右掌上架至头上方，掌心向上，左掌下按至腰部，掌心向下，指尖斜向前，目视前方。（图15-1）

2. 左腿直立不动，右腿屈膝上提，脚尖向下，脚面绷直，同时左掌向左向上绕环一周，击拍右膝面；右掌变拳

图15-1　　　　　　图15-2

下落经腹部、面部上冲至头上方，直臂，拳心向前，力达拳面，目视前方。（图15-2）

第十五式　弓步崩捶

1．接上势，重心下落，左腿屈膝半蹲，右脚下落震脚，同时，左掌随右膝自然下落，右拳不动，目视前方。（图16-1）

2．右脚向右后方退步，左脚向左后方退步，脚尖左转90度，两腿屈膝半蹲成左开马步；同时，右拳变掌下落至胸口处向右侧挑掌，左掌上提至胸口处向左侧挑掌，两臂平举，两掌高与肩平，虎口向上，掌心向前，目视前方。（图16-2）

3．步型不变，两掌同时绕环，右掌向前向后绕环，左

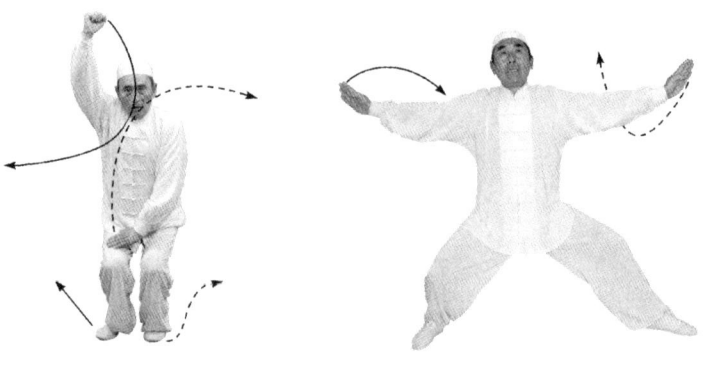

图16-1　　　　　　图16-2

掌向后向前绕环，绕环两周后，两掌同时向下，击拍两腿膝面，目视左前方。（图16-3至图16-5）

4.身体左转90度，右腿蹬直成左弓步；同时左掌上举于头上方，掌心向前，右掌变拳向上崩打，右拳背在头上方击打左掌心，目视前方。（图16-6）

图16-3

图16-4　　　　　图16-5　　　　　图16-6

第十六式　汤瓶势

1.接上势，左弓步不变，右拳变掌下落至腰间后，向前下方按掌，指尖斜向上，掌心斜向下；同时，左掌下落至右肩内侧，指尖向上，掌心向外，目视前方。（图17-1）

2.右脚向左前方上步，右腿屈膝半蹲，左脚向右脚

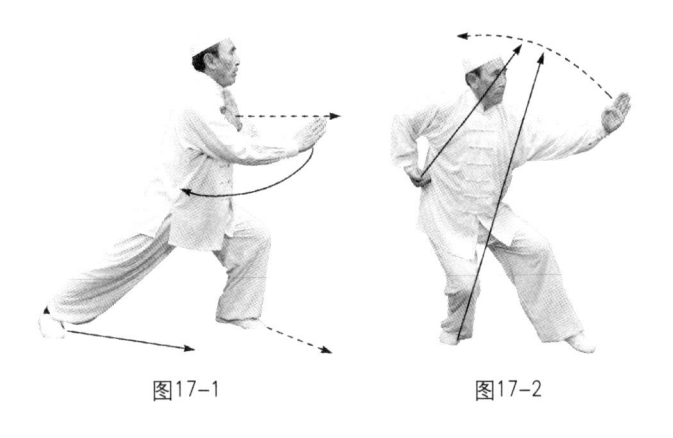

图17-1　　　　　图17-2

前方上步，脚尖点地成左虚步；同时，右掌变拳，收至腰间，拳心向上，左掌向前推掌，掌指向上，掌心向前，目视左掌。（图17-2）

第十七式　右单脚

接上势，重心上提，身体左转，左掌上架于头上方，掌心向内，右拳变掌上举至头上方，指尖向上，掌心向前；同时，左腿直立站起，右腿向前上方弹踢，脚面绷直，挺膝，左掌不动，右掌向下迎击右脚面，在面前击响，目视右掌。（图18）

第十八式　弓步左崩捶

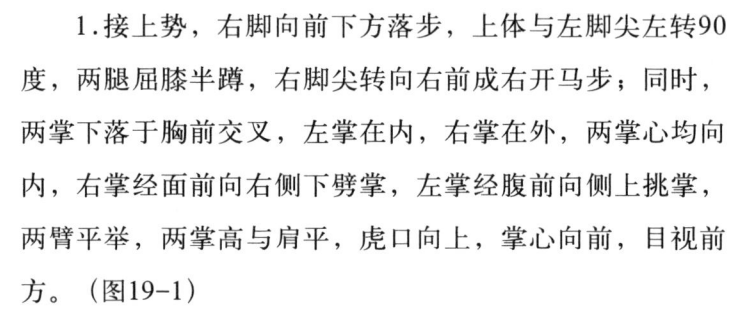

1.接上势，右脚向前下方落步，上体与左脚尖左转90度，两腿屈膝半蹲，右脚尖转向右前成右开马步；同时，两掌下落于胸前交叉，左掌在内，右掌在外，两掌心均向内，右掌经面前向右侧下劈掌，左掌经腹前向侧上挑掌，两臂平举，两掌高与肩平，虎口向上，掌心向前，目视前方。（图19-1）

2.步型不变，两掌同时绕环；右掌向前向后绕环，左掌向后向前绕环；绕环两周后，两掌同时向下击拍两腿膝面，目视前方。（图19-2至图19-4）

3.身体右转90度，左腿蹬直成右弓步；同时，右掌上举至头上方，掌心向上，左掌变拳向上崩打，左拳背在头

图18

图19-1　　　　图19-2

图19-3 　　　　　　　图19-4 　　　　　　　图19-5

上方击打右掌心，目视前方。（图19-5）

注：背向图参见图16-2至图16-4，上肢动作相同，唯步型不同。

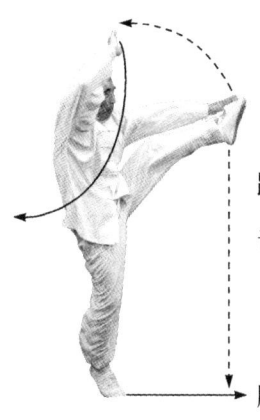

第十九式　左单脚

接上势，重心上提，右腿直立站起，左腿向前上方弹踢，脚面绷直，挺膝；同时，右掌不动，左拳变掌向下迎击左脚面，在面前击响，目视左掌。（图20）

第二十式　二起脚

接上势，左脚向前下方落步，右脚蹬地起跳上步，左腿屈膝上提，右腿紧跟腾空向上弹踢，脚面绷直；同时，左掌上架，右掌下落向后甩臂，再举臂向前下迎击右脚面，在面前击响，目视右掌。（图21-1、图21-2）

图20

图21-1 　　　　　　　图21-2

第二十一式　偷步抢腿龙

1.接上势，右脚下落从左脚后侧向左斜后方插步，同时，身体左转，两掌交叉于胸前，目视左前方。（图22-1、图22-1背向图）

2.右腿直立站起，左腿屈膝上提，脚尖向下，脚面绷直；同时，右掌上架于头上方，掌心向外，左掌收至右肩内侧，指尖向上，掌心向外，目视左前方。（图22-2）

3.右腿屈膝全蹲，左腿伸膝成左仆步；同时，右掌向右后摆掌，略高于肩，掌心向下，指尖向右，左掌向前下方插掌至左脚内侧，掌心向下，目视左掌。（图22-3）

图22-1

图22-1 背向图 　　图22-2 　　图22-3

第二十二式　犀牛望月

接上势，重心前移，左腿屈膝前弓，右腿蹬直成左弓步；同时，左掌上架于头上方，右掌变拳下落经腰间向上摆拳背击打左掌心。上体微向右转，目视右后方。（图23）

图23

第三段

第二十三式　闪门大劈

1.接上势，左脚脚尖向右转90度，身体右转，重心上提，左腿直立，右腿回收屈膝上提，左掌变拳收至腰间，右拳变掌下落击拍右膝面，目视右手。（图24-1）

2.右脚向后方下落,撤步直立,左腿屈膝上提,右掌变拳收至腰间,左拳变掌击拍左膝面。(图24-2)

3.左脚下落与右脚并步站立,左掌变拳收至腰间,右拳从腰间上冲至头顶,拳面向上,拳眼向后,目视前方。(图24-3)

4.左脚向前上步,左腿屈膝半蹲,右腿蹬直成左弓步;同时,右拳下劈至面前,拳眼向上,略高于肩,左掌向上托住右小臂,目视右拳。(图24-4)

图24-1

图24-2 　　　　图24-3 　　　　图24-4

第二十四式　上挂对掌

1.接上势,左脚向前上步,左腿屈膝半蹲,右脚向前跟步,右腿蹬直成左弓步;同时,右拳变掌下落向后方撑掌,掌心向下,左掌上架于头上方,掌心斜向上,目视前方。(图25-1)

2.左弓步不变,右掌向上经面前向后绕环一周,掌心向上击打左掌,同时左掌下落至胸前向上撩至头高,掌心向下迎击右掌,两掌在胸前击响,左掌在上、右掌在下,目视前方。(图25-2、图25-3)

图25-1

图25-2　　　　　　　　　　　图25-3

第二十五式　跑马延兽

1. 接上势，重心后移，右腿直立站起，左腿屈膝上提，脚尖向下，脚面绷直；同时，左掌向左侧推出至与肩平后变勾手，勾尖向下，右掌内旋翻掌，指尖向上，掌心向外，目视右掌。（图26-1）

2. 左脚向前下落步，左腿直立站起，右腿屈膝上提，脚尖向下，脚面绷直；同时，左臂不动，左勾手变掌，掌心向下，右掌向下击拍右膝面。（图26-2）

3. 右脚向前下落，右腿直立站起，左腿屈膝上提，脚尖向下，脚面绷直；同时，右掌变拳收至腰间，拳心向上，左掌经面前向下击拍左膝面，目视左掌。（图26-3）

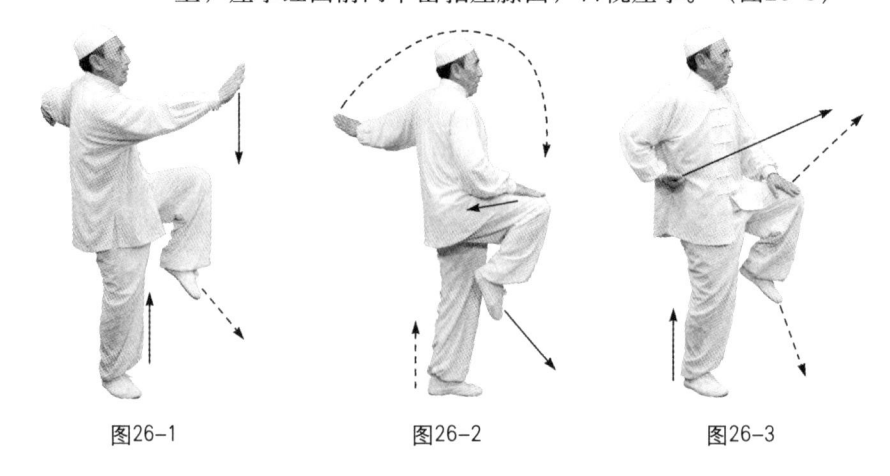

图26-1　　　　　图26-2　　　　　图26-3

第二十六式　挂掌提膝

1.接上势，左脚向前落步，左腿直立站起，右脚脚跟上提，脚尖点地，同时，右拳变掌，与左掌一起上提在头上方左右击响，两掌指尖均向上，目视两掌。（图27-1）

2.左腿直立不动，右腿屈膝上提，脚尖向下，脚面绷直，同时两掌下按至右膝两侧膝面下，两掌心斜向下，目视前方。（图27-2）

图27-1　　　　图27-2

第二十七式　双峰贯耳

接上势，右脚向前方落步，右腿直立；同时，两掌向上至头上方左右击响，目视两掌。（图28）

图28

第二十八式　扑地紧

1.接上势，左腿直立不动，右腿屈膝上提，脚尖向下，脚面绷直；同时，左掌不动，右掌向下击拍右膝面，目视右掌。（图29-1）

2.身体右转90度，右脚下落，右腿屈膝半蹲，左腿蹬直成右弓步；同时，右掌上架于头上方，掌心向外，左掌向下击拍右脚内侧地面，目视左掌。（图29-2）

图29-1　　　　　　　图29-2

第二十九式　丁步对掌

接上势，身体左转90度，重心后移，左脚尖左转90度，左腿屈膝半蹲，右脚跟步，脚尖点地，成右丁字步；同时，左掌离地向左前方撩掌，右掌下落于腹前向左前方撩掌，击打左掌，掌心相对，左掌在上、右掌在下，高与肩平，目视前方。（图30）

图30

第三十式　弓步崩捶

1.接上势，左脚不动，右脚向后撤步，两腿屈膝半蹲成左开马步；同时，右掌下落，经腹前向后挑掌，虎口向上，掌心向前，左掌翻掌，虎口向上，掌心向前，两掌高与肩平，目视前方。（图31-1）

2.步型不变，两掌同时绕环，右掌向前向后绕环，左

图31-1　　　　　　　图31-2

掌向后向前绕环，绕环两周后，两掌同时向下击拍两腿膝面，目视左前方。（图31-2至图31-4）

图31-3　　　　　　图31-4　　　　　　图31-5

3.身体左转90度，右腿蹬直成左弓步；同时，左掌上举于头上方，掌心向前，右掌变拳，向上崩打，右拳背在头上方击打左掌心，目视前方。（图31-5）

第三十一式　窝心掌

接上势，左弓步不变，右拳变掌下落经腰间向前下方按掌，高与腹平，掌心向下；同时，左掌下落收至右肩内侧，指尖向上，掌心向右，目视前方。（图32）

图32

第三十二式　鞋底炮

1.接上势，重心上移，左腿直立站起，右腿屈膝上提，脚尖向下，脚面绷直；同时左掌上架于头上方，掌心向外，右掌下落击打右脚外侧，目视右下方。（图33-1）

图33-1　　　　　　图33-2

2.左掌不动，右掌向后撑掌；同时，右腿向前弹踢，伸膝，右脚面绷直，高与腰平，力达脚尖，目视前方。（图33-2）

第三十三式　后点步对掌

接上势，右脚向前方落步，右腿直立站起，左脚脚跟提起，脚尖点地，成后点步；同时，两掌向中间摆动，在头上方击响，目视两掌。（图34）

图34

第四段

第三十四式　转身对掌

1.接上势，左脚跟落地，左腿直立，右腿屈膝上提，脚尖向下，脚面绷直；同时，左掌向外翻掌，右掌向下拍击右膝面，目视前方。（图35-1）

2.身体后转180度，右脚落步，右腿直立，左腿屈膝上提，脚尖向下，脚面绷直；同时，左掌向下拍击左膝面，右掌自然垂于体侧，目视前方。（图35-2）

3.左脚下落，两腿直立，两掌同时上提在头上方击响，掌心相对，右掌在上、左掌在下，目视两掌。（图35-3）

图35-1 　　　图35-2 　　　图35-3

第三十五式 提膝亮掌

接上势，重心后移，右腿直立，左腿屈膝上提，脚尖向下，脚面绷直，右掌向上向后绕一周后上架至头右上方，掌心斜向上，左掌收回至胸前后，向正前方推出，指尖向上，掌心斜向外，高与肩平，目视左掌。（图36）

第三十六式 半拉脚

1. 接上势，左脚下落，两脚间距同肩宽，两腿屈膝半蹲，两掌同时向右方下落，掌心斜向下稍高于膝，目视左下方。（图37-1）

2. 右腿蹬地跳起，左腿提起向左上方摆动，上体向左上方翻转，同时两臂自右下方向左上方抡摆，身体旋转180度，右腿由外向里成扇形作里合腿，左手在面前拍击右脚掌，右掌左腿自然下垂，目视前方。（图37-2）

图36

图37-1　　　　　　图37-2

第三十七式 弓步崩捶

1. 接上势，左脚右脚先后落地，左腿直立，右腿屈膝上提，脚尖向下，脚面绷直；同时，左掌上架于头上方，右掌击拍右膝面，目视前方。（图38-1）

2. 右脚下落，右腿直立，左腿屈膝上提；同时，右掌变拳收至腰间，拳心向上，左掌下落击拍左膝面，目视前

图38-1 　　　　　图38-2 　　　　　图38-3

方。（图38-2）

3.左脚向前落步，左腿屈膝半蹲，右腿蹬直成左弓步；同时，左掌上举于头上方，掌心向前，右拳向上崩打，右拳背在头上方击打左掌心，目视前方。（图38-3）

第三十八式　转身弓步崩捶

1.接上势，左腿屈膝半蹲不变，右脚前跟，脚尖点地，成右丁字步；同时，右拳变掌，下落至脚踝处，指尖向下，掌心向外，左掌下落至右肩内侧，目视右前方。（图39-1）

2.身体后转180度，右脚脚跟着地向前上一步，右腿屈膝半蹲，左腿蹬直成右弓步；同时，左掌上举于头上方，掌心向前，右掌变拳，向上崩打，右拳背在头上方击打左掌心，目视前方。（图39-2）

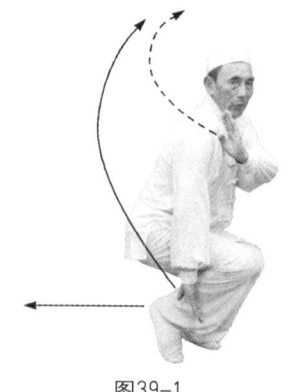

图39-1 　　　　　图39-2

第三十九式　摆莲

1. 接上势，左脚向左前方上步，左腿屈膝半蹲，右脚前跟，脚尖点地，成右丁字步，右拳变掌与左掌同时下落，交叉收于胸前，左掌在上、右掌在下，掌心均向外，目视两掌。（图40-1）

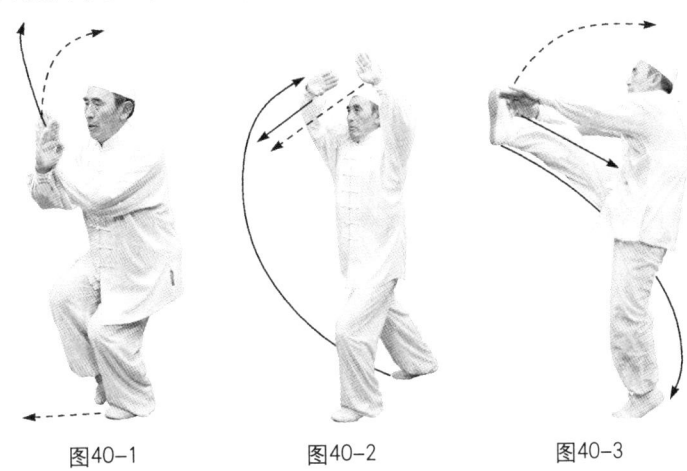

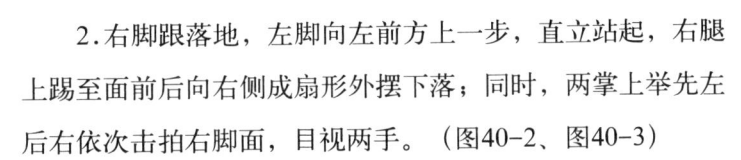

图40-1　　　图40-2　　　图40-3

2. 右脚跟落地，左脚向左前方上一步，直立站起，右腿上踢至面前后向右侧成扇形外摆下落；同时，两掌上举先左后右依次击拍右脚面，目视两手。（图40-2、图40-3）

第四十式　通天炮

1. 接上势，身体随摆腿右转90度，右脚下落，两脚并步站立；同时，右掌变拳收至腰间，左掌上架于头顶上方，掌心斜向上，目视前方。（图41-1）

图41-1

2. 左腿直立不动，右腿屈膝上提，脚尖向下，脚面绷直；同时，左掌下落击拍右膝面，右拳上冲至头顶上方，拳眼向后，目视前方。（图41-2）

第四十一式　抢腿龙

1. 接上势，重心下落，左腿屈膝半蹲，右脚下落震脚，左掌随右膝自然下落，右拳不动，目视前方。（图42-1）

图41-2

2. 右脚向左脚后侧插步，右拳变掌上架于头顶，掌心

斜向外，左掌立掌回收于右胸前，掌心向外，目视左侧。（图42-2）

3.右腿屈膝全蹲，左脚提起向前方下落，伸膝成左仆步，右掌向右方插掌，左掌下落向左前下方穿掌，掌心均向下，目视左掌。（图42-3）

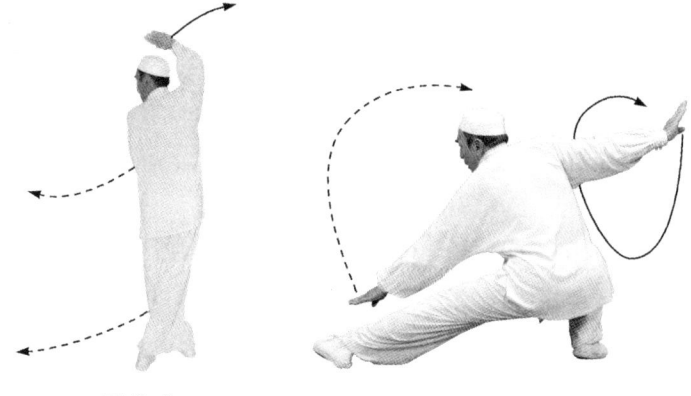

图42-1

图42-2　　　　　图42-3

第四十二式　弓步亮掌

接上势，重心前移，左脚活步，左腿屈膝半蹲，右腿蹬直成左弓步；同时，左掌上架至头上方，掌心斜向外，右掌下落向前绕环，向右侧劈掌，掌心向前，目视前方。（图43）

第四十三式　甩手二起脚

1.接上势，身体右转90度，右脚向左前上步，左脚向左前方上步，两腿屈膝半蹲成左开马步；同时，左掌下落，向左前方挑掌，虎口朝上，右掌下落绕环上架至头上方，掌心斜向上，目视左手。（图44-1）

2.身体左转90度，右腿直立，左腿屈膝上提，脚尖向下，脚面绷直；同时，左掌向身后侧推至肩平，右掌向前下落至肩平，掌心均斜向下，目视右掌。（图44-2）

3.左腿向前方下落，右脚向前方起跑，左腿屈膝上提，右脚蹬地跃起，右脚空中向前上方弹踢，脚面绷直；

图43

图44-1

图44-2　　　　　　　图44-3　　　　　　　图44-4

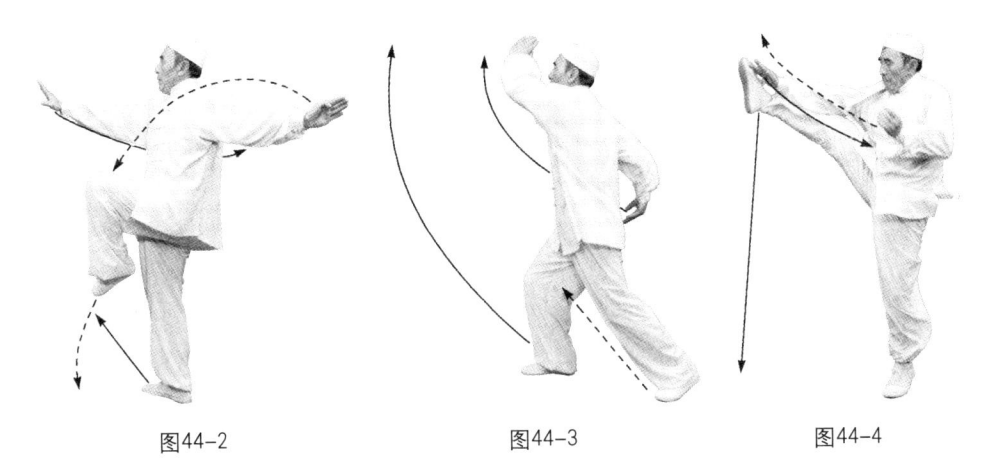

同时，左掌上甩下落，右掌下落上甩，在面前向下迎击右脚面，目视前方。（图44-3、图44-4）

第四十四式　开心捶

1.接上势，右脚下落，右腿屈膝半蹲，左腿蹬直成右弓步；同时，右掌变拳收至腰间，拳心向上，左掌在面前盖掌，掌心向下，略高于肩，目视左掌。（图45-1）

2.右脚不动，右大腿下落接近水平，左脚跟外展，左腿蹬直仍为右弓步，右拳向前冲出，左掌变拳经腹前向后冲出，拳眼向上，略高于肩，力达拳面，目视右拳。（图45-2）

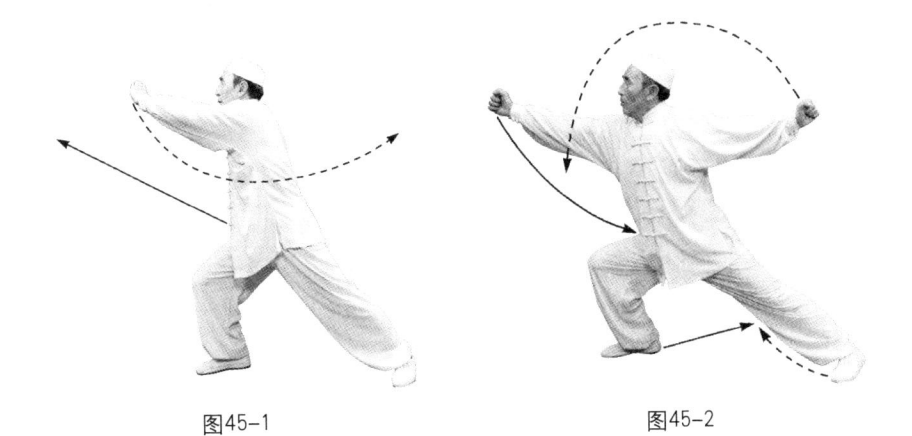

图45-1　　　　　　　　　　　图45-2

第四十五式 十字眼

1. 接上势，右脚向后撤半步，右腿屈膝半蹲，左脚跟步，脚尖点地成左丁字步，右拳收至腰间，左拳变掌经头顶下落截掌至腹前，目视左掌。（图46-1）

2. 左脚随身体后转180度落步，右脚向前迈步，两腿屈蹲成右开马步；同时，左掌上架于头上方，掌心斜向上，右拳下栽至右膝内侧，拳面向下，拳眼向内，目视右拳。（图46-2）

图46-1　　　　　图46-2

第四十六式 马步碰捶

接上势，右开马步不动，左掌掌心转向前；同时，右拳向上崩打，在头上方右拳背击打左掌心，目视前方。（图47）

图47

第四十七式 弓步劈拳

1. 接上势，身体右转90度，右脚向右后撤一大步，右腿直立，左腿屈膝上提，脚尖向下，脚面绷直；同时，右拳先下落后上举，拳眼向后，左掌下落击拍左膝面，目视前方。（图48-1）

2. 左脚下落与右脚并步站立，左掌收至腰间，掌心向上，右拳上举不动，目视前方。（图48-2）

3. 右脚向前迈步，右腿屈膝半蹲，左腿蹬直成右弓

图48-1 　　　　　图48-2 　　　　　图48-3

步；同时，右拳下劈，拳眼向上，左掌上托，托住右小臂，右拳略高于肩，目视前方。（图48-3）

第四十八式　搬锤

1.接上势，右腿直立，左脚向前上一步与右脚并步站立，右拳回收至腰间，拳心向上，左掌向左侧推出，略高于肩，掌心斜向下，目视左掌。（图49-1）

2.左腿直立不动，右腿屈膝上提，脚尖向下，脚面绷直；同时，左掌变拳经面前下落画弧至肩平，右拳上提经面前向右侧下劈至肩平，拳眼均向上，目视前方。（图49-2）

3.两拳不动，右脚下落震脚，两腿同时屈膝半蹲，目视右拳。（图49-3）

图49-1

图49-2 　　　　　图49-3

第四十九式 蹬步骑虎势

1. 接上势，左腿直立，右腿屈膝上提，右脚尖向下，脚面绷直，两拳变掌，左掌经头顶向下绕环一周，虎口向上，掌心向外，右掌下落经腹前绕环一周，掌心斜向下，目视右掌。（图50-1）

2. 右脚落地随即蹬地向斜前方跳步，身体右转90度，随转体左脚向斜前方迈步，两腿屈蹲成左开马步；同时，右掌变拳向后绕环上架至头顶上方，拳心向前，左掌下按至左膝内侧，掌心向下，目视左前方。（图50-2）

图50-1　　　　　图50-2

第五十式 弓步劈拳

1. 接上势，右腿直立，左腿屈膝上提，左脚尖向下，脚面绷直；同时，左掌击拍左膝面，右拳下落绕环一周上举至头顶上方，拳眼向后，目视前方。（图51-1）

2. 左脚下落与右脚并步站立，左掌收至腰间，掌心向上，右拳上举不动，目视前方。（图51-2）

3. 右脚向右前方迈步，右腿屈膝半蹲，左腿蹬直成右弓步；同时，右拳下劈，拳眼向上，略高于肩，左掌上托，托住右小臂，目视前方。（图51-3）

图51-1　　　　　图51-2　　　　　图51-3

第五十一式　吕布携戟

1. 接上势，身体左后转体180度，左腿屈膝半蹲，右脚向左脚跟步成右丁字步；同时，左掌回收至右肩内侧，指尖向上，掌心向右，右拳变掌下落至膝关节处，指尖斜向下，目视前下方。（图52-1）

2. 右脚向后撤步，右腿屈膝半蹲，左脚活步，脚尖点地成左虚步；同时，左掌前推，右掌经头顶向上向后绕环一周与左掌交叉至胸前，左掌在上、右掌在下，掌心均斜向外，目视前方。（图52-2）

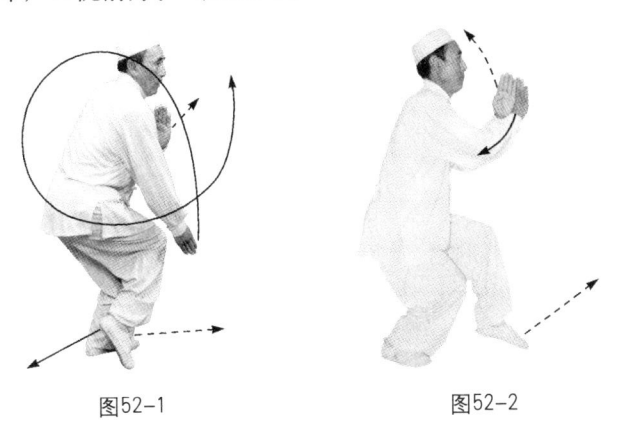

图52-1　　　　　图52-2

第五十二式　十字招紧

1. 接上势，右腿直立，左腿向前弹踢，脚面绷直，略

高于右膝；同时，两掌向两侧推掌，指尖向上，掌心斜向外，掌略高于肩，目视前方。（图53-1）

2.左脚向斜前方落步后，蹬地跳起，右脚左脚向斜前方上步，左腿屈膝半蹲，右腿蹬直成左弓步；同时，两掌下落交叉于胸前，左掌在上、右掌在下，掌心均斜向外，目视右前方。（图53-2）

3.接上势，两掌同时自胸前向两侧推掌至肩平，指尖向上，掌心向外，目视前方。（图53-3）

图53-1

图53-2　　　　　图53-3

第五段

第五十三式　弓步剪掌

1.接上势，重心后移，右腿直立站起，左腿屈膝上提，脚尖向下，脚面绷直；同时，右掌不动，左掌收于胸前，虎口向上，目视右掌。（图54-1）

2.右后转体180度，左脚下落于右脚外侧，脚尖后转180度，右脚跟后转180度与左脚并立，两腿屈膝半蹲；同时，右掌下落于左腋下，左掌屈肘下按于胸前，掌心均斜向下，目视前下方。（图54-2）

3.两腿直立，身体站起，右掌下落，向下向后绕环上举至头上方，指尖向上，掌心向前，左掌向上向后绕环后

图54-1

图54-2　　　　　　　图54-3　　　　　　　图54-4

收至腰间，指尖向前，掌心向上，目视前方。（图54-3）

4.右脚向前迈步，右腿屈膝半蹲，左腿蹬直成右弓步；同时，右掌向下击拍，左掌上提，在面前击响，右掌在上、左掌在下，高与肩平，目视两掌。（图54-4）

第五十四式　叠捶

1.接上势，步型不变，身体重心稍后移，左掌向下向后画弧至肩平，右掌不动，两掌略高于肩，掌心均斜向外，指尖向上，目视右掌。（图55-1）

图55-1

2.重心后移，左腿直立站起，右腿屈膝上提，脚尖向下，脚面绷直；同时，左掌不动，右掌向下抓握变拳，收至右膝外，拳心向下，目视右拳。（图55-2）

图55-2 　　　　　　　图55-3 　　　　　　　图55-4

3. 左脚蹬地跳起，右脚向左前方跃步下落，右腿直立，左腿屈膝上提，脚尖向下，脚面绷直；同时，左掌下落，由后向前摆掌，放在左膝上，指尖向前，掌心向上，右拳向下向后绕环上举至头上方，拳面向上，拳眼向后，目视前方。（图55-3）

4. 左脚下落在距右脚半步处震脚，两腿屈膝半蹲，同时，右拳下砸，右拳背砸在左掌心上，高与腹平，目视前方。（图55-4）

第五十五式　弓步剪掌

1. 接上势，右脚向左斜后方撤一大步，右腿直立站起，左腿屈膝上提，脚尖向下，脚面绷直；同时，右拳变掌下落向后绕环上举至头顶上方，指尖向上，掌心向前，左掌放在左膝上，指尖向前，掌心向上，目视前方。（图56-1）

2. 左脚向前落步，左腿屈膝半蹲，右腿蹬直成左弓步；同时，右掌向下击拍，左掌上迎，两掌在面前击响，掌心相对，右掌在上、左掌在下，高与胸平，目视两掌。（图56-2）

图56-1　　　　　　　　图56-2

第五十六式　偷步溮掌

1.接上势，步型不变，身体重心稍向后移，左掌向下向左，画弧至身后，右掌稍上抬，略高于肩，掌心均斜向下，指尖向上，目视右掌。（图57-1）

2.重心后移，左脚向右腿后侧插步；同时，左掌经头顶下落至右肩下，右掌回收至左腋下，掌心均向下，上体稍左倾，目视右侧下方。（图57-2）

3.右脚向后撤步，左腿屈膝半蹲，右腿蹬直成左弓步；同时，左掌向外撑掌，至头左上方，左掌心向前，右掌向下溮掌至右膝前，掌心向下，目视右掌。（图57-3）

图57-1　　　　　图57-2　　　　　图57-3

第五十七式　进步撩掌

1.接上势，重心后移，右腿直立站起，左腿屈膝上提，脚尖向下，脚面绷直；同时，左掌下落至右肩内侧，指尖向上，掌心向外，右掌上架于头上方，掌心向外，目视左前方。（图58-1）

2.左腿向前弹踢，脚面绷直，接近腰平；同时，右掌不动，左掌下落经腹前向前上方撩掌，虎口向上，略低于肩，目视左掌。（图58-2）

3.左脚向前落步，右脚向前跟步，身体左转90度；同时，右掌下落向后向前画弧击打左掌，两掌在面前上方击响，掌心相对，左掌在上、右掌在下，目视两掌。（图58-3）

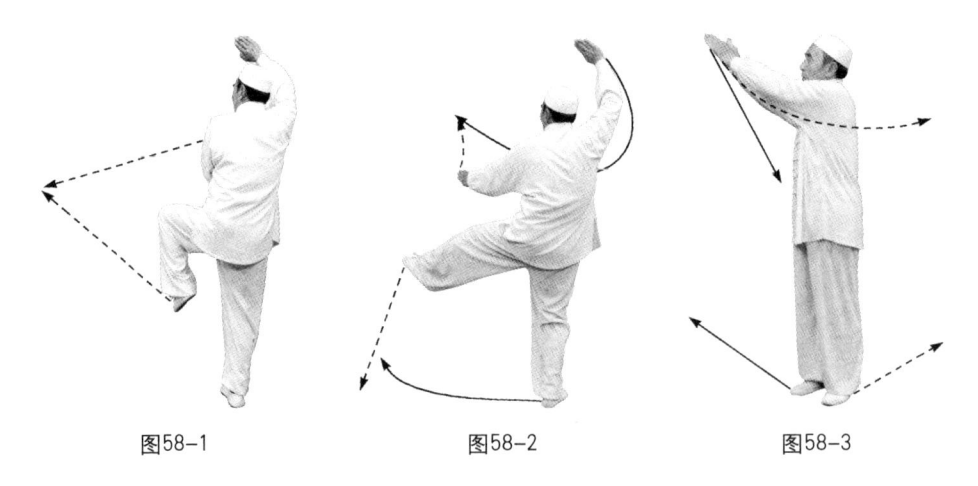

图58-1　　　　　　图58-2　　　　　　图58-3

第五十八式　仙人照影

1.接上势，左转体90度，右脚向右后撤步，左脚向左前活步，两腿屈蹲成左开马步；同时，右掌下落收至腰间，掌心向上，左掌下落向左侧平抹至肩平，掌心斜向下，目视左掌。（图59-1）

2.右脚不动，左脚回收，左脚尖点地成左丁字步；同时，左臂微屈，左掌向外翻掌，指尖向上，掌心向前，

图59-1　　　　　　图59-2

右掌前移至左肩内侧，指尖向上，掌心向外，目视左掌。（图59-2）

第五十九式　阴阳二掌

1.接上势，左脚脚跟落地，两腿直立，右脚向左脚后侧插步；同时，左掌向外推掌，掌心向外，指尖向上，右掌于左肩内侧，掌心向外，目视左掌。（图60-1）

2.左脚向前迈步，左腿屈膝半蹲，右腿蹬直成左弓步，左掌掌心向上，右掌下落经腹前向上绕环一周，击打左掌心，两掌高与肩平，目视两掌。（图60-2）

3.左弓步不动，左掌掌心向下，右掌经面前向后向下绕环一周，向上打击左掌心，两掌高与肩平，目视两掌。（图60-3）

图60-1　　　　　图60-2　　　　　图60-3

第六段

第六十式　二马金山头

1.接上势，重心后移，右腿直立站起，左腿屈膝上提，脚尖向下，脚面绷直；同时，左掌向左侧摆动90度与左肩平，指尖向左，掌心向下，右臂微屈，右掌翻掌，掌心向前。（图61-1）

2.左脚下落于右脚外侧，右脚脚尖后转180度，右脚跟后转180度与左脚并立，两腿屈膝半蹲；同时，右掌回收至左腋下，掌心向下，左掌下落至右大臂上，掌心向下，目视前方。（图61-2）

3.身体左转90度，右脚向右侧迈步，右腿屈膝半蹲，左脚跟步，脚尖点地成左丁字步；同时，右掌向下经腹前向上画弧至面前后向右侧平抹，掌心向下，虎口向前，左掌经面前向下画弧至右腋下，掌心向下，目视右掌。（图61-3）

图61-1 　　　图61-2 　　　图61-3

第六十一式　弓步崩捶

1.接上势，右脚不动，左脚跟落地向左侧迈步成左开马步；同时，右臂不动，右掌翻掌，掌心向前，左掌下落向左侧挑掌，至左肩平，掌心向外，目视前方。（图62-1）

四、西扬掌套路动作图解

图62-1　　　　　　　　　图62-2

2．左开马步不动，两掌同时绕环，右掌向前向后绕环，左掌向后向前绕环，绕环两周后，两掌同时向下击拍两腿膝面，目视左前方。（图62-2至图62-4）

图62-3　　　　　　图62-4　　　　　　图62-5

3．身体左转90度，右腿蹬直成左弓步；同时，左掌上举于头上方，掌心向前，右掌变拳向上崩打，右拳背在头上方击打左掌心，目视前方。（图62-5）

第六十二式　窝心掌

接上势，左弓步不变，右拳下落经腰间向前方按掌，高与腹平，掌心向下；同时，左掌下落，收至右肩内侧，指尖向上，掌心向外，目视前方。（图63）

图63

第六十三式　鞋底炮

1.接上势，重心上移，左腿直立站起，右腿屈膝上提，脚尖向下，脚面绷直；同时，左掌上架于头上方，掌心向外，右掌下落击打右脚外侧，目视右下方。（图64-1）

2.左掌不动，右掌向后摆掌，掌心向下；同时，右腿向前弹踢，伸膝，右脚面绷直，高与腰平，力达脚尖，目视前方。（图64-2）

图64-1　　　　　　图64-2

第六十四式　偷步剪掌

1.接上势，身体左转90度，右脚向右斜前方落步，屈膝半蹲，左脚经右脚跟后面向右斜前方插步；同时，右掌上提至面前，掌心向内，左掌下落撩至右大臂上，目视前方。（图65-1）

2.右脚向左撤步与左脚并齐，两腿直立站起；同时，左掌下落收至腰间，指尖向前，掌心向上，右掌上举至头上方，指尖向上，掌心向前，目视前方。（图65-2）

3.右脚向前迈步，右腿屈膝半蹲，左腿蹬直成右弓步；同时，右掌下落，左掌上提，两掌心相对，在面前击响，高与胸平，目视两掌。（图65-3）

图65-1　　　　　　图65-2　　　　　　图65-3

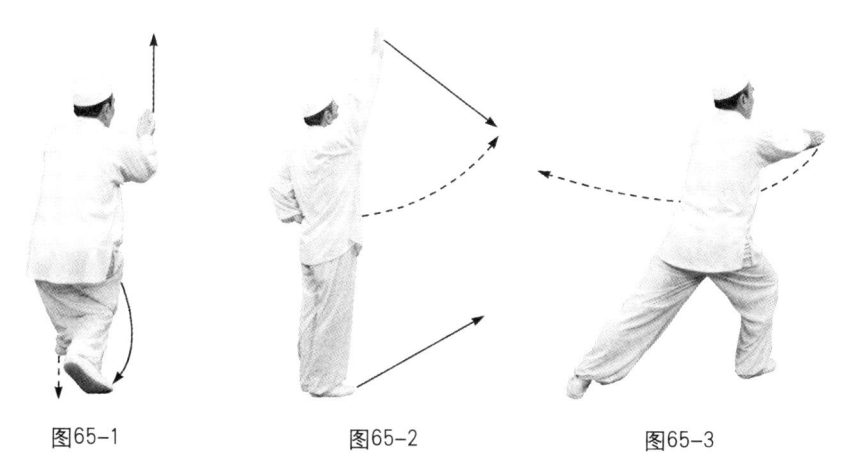

第六十五式　旋风脚

1. 接上势，右弓步不动，右臂不动，右掌指尖向上，掌心斜向下；同时，左掌下落向下画弧至肩平，指尖向上，掌心斜向下，目视右掌。（图66-1）

2. 右腿不动，左脚向右腿后侧插步；同时，两掌下落，左掌收至胸前，右掌经左腹下收至左肩外侧，掌心均斜向下，目视前方。（图66-2）

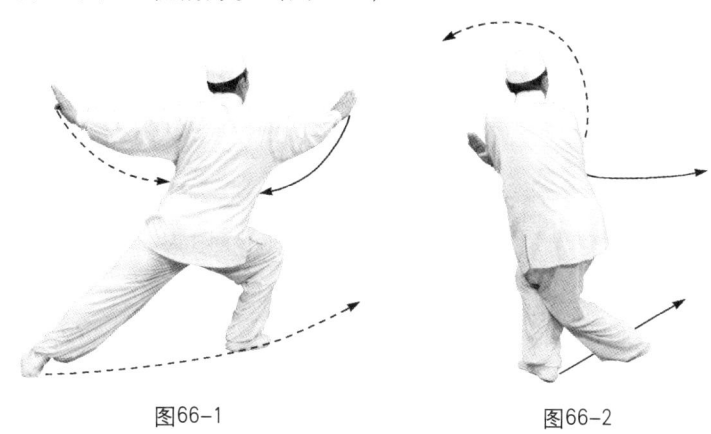

图66-1　　　　　　　　　图66-2

3. 左腿屈膝全蹲，右腿伸膝挺直仆地成右仆步；同时，左掌经面前向上画弧向左侧按掌，指尖向上，掌心向外，左腕高于头部，右掌向右下按掌于右脚前，指尖向右下，掌心向下，目视右掌。（图66-3）

图66-3　　　　　　　　图66-4

4. 重心后移，右脚回收半步，两脚间距与肩同宽，两腿屈膝半蹲；同时，左掌下落至右腹前，右手后摆于身体右侧后下方，两掌掌心均斜向下。（图66-4）

5. 重心稍后移，右腿蹬地跳起，左腿上提向左后上方摆动，上体随之向左后上方翻转；同时，两臂由下向上方摆动，转体180度，右腿向上踢起，经面前向左侧摆动，左掌在面前迎击右脚掌，左腿自然下垂，目视前方。（图66-5）

图66-5

第六十六式　十字眼

1. 接上势，上体左转90度，左脚、右脚依次落地，两腿屈蹲，左脚尖点地成左丁字步，右掌变拳收抱于腰间，拳心向上，左掌虎口向上，掌心向内，下截至左膝关节处，目视左掌。（图67-1）

2. 左脚与身体左后转180度，右脚向前方上步，两腿屈蹲成右开马步；同时，左掌上架于头上方，掌心斜向外，右拳下栽至右膝内侧，拳面向下，拳眼向内，目视右拳。（图67-2、图67-2背向图）

图67-1 　　　　　图67-2 　　　　　图67-2 背向图

第六十七式　并步碰捶

接上势，身体右转90度，左腿直立站起，右脚回收与左脚并步站立，左掌不动，右拳向上，用拳背击打左掌心，目视前方。（图68）

第六十八式　弓步劈拳

1.接上势，并步不动，右拳上举，拳眼向后，左掌下落收至腰间，指尖向前，掌心向上，目视前方。（图69-1）

2.右脚向前上步，右腿屈膝半蹲，左腿蹬直成右弓步；同时，右拳下劈，拳眼向上，略高于肩，左掌上托，托住右小臂，目视前方。（图69-2）

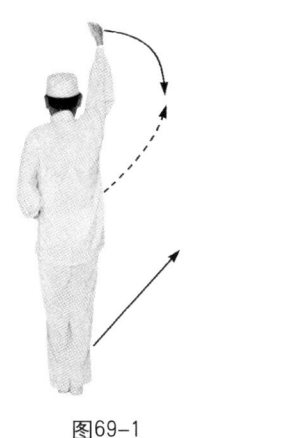

图68

图69-1 　　　　　图69-2

第六十九式　撞勾

1.接上势，左脚向左前上步，左腿屈膝半蹲，右脚向左侧跟步，脚尖点地成右丁字步；同时，右拳收至腰间，拳心向上，左掌向左侧推掌，指尖向上，掌心向外，略高于肩，目视前方。（图70-1）

2.右转体90度，左腿直立站起，右腿屈膝上提，脚尖向下，脚面绷直；同时，左掌下砍至右小臂处，右拳变掌托在右膝上，掌心均向上，目视右掌。（图70-2）

3.右脚向前方下落，右腿屈膝半蹲，左腿蹬直成右弓步；同时，右掌变拳，两手内旋，左掌抓握右手腕向外推出，拳心向下，略低于胸，目视右前方。（图70-3）

图70-1　　　　　　图70-2　　　　　　图70-3

第七十式　叠捶

1.接上势，右腿直立站起，左腿上提向前弹踢，脚面绷直，踢至腰平；同时，右拳变掌上架至头顶上方，掌心斜向上，左掌下落向后撑掌，掌心斜向下，目视前方。（图71-1）

2.左脚下落震脚，两腿屈膝半蹲，左掌上提，掌心向上，右掌变拳向下，拳背砸至左掌心，目视前方。（图71-2）

图71-1　　　　　　图71-2

第七十一式　拍腿攒捶

1．接上势，左腿直立站起，右腿屈膝上提，脚尖向下，脚面绷直；同时，左掌上提翻掌，掌心向下，右拳变掌上提，掌心向上击打左掌，两掌高与胸平，目视两掌。（图72-1）

2．右脚向后方落步，右腿直立站起，左腿屈膝上提，脚尖向下，脚面绷直；同时，右掌变拳收至腰间，拳心向上，左掌下落击拍左膝面，目视前方。（图72-2）

3．左脚向前落步，左腿屈膝半蹲，右腿蹬直成左弓步；同时，右拳自腰间向前冲拳，拳心向下，高与肩平，左掌掌心向下，搭扶在右腕处沿着右小臂收至右大臂上，目视右拳。（图72-3）

图72-1　　　　　图72-2　　　　　图72-3

第七十二式　一步两捶

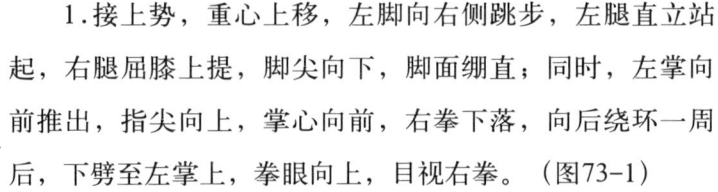

1. 接上势，重心上移，左脚向右侧跳步，左腿直立站起，右腿屈膝上提，脚尖向下，脚面绷直；同时，左掌向前推出，指尖向上，掌心向前，右拳下落，向后绕环一周后，下劈至左掌上，拳眼向上，目视右拳。（图73-1）

2. 右脚向前下落震脚，右腿稍屈膝，左腿蹬直成右弓步；同时，右拳收至腰间，拳心向上，左掌变拳向前冲出，拳眼向上，略高于肩，目视左拳。（图73-2）

3. 右脚向前迈步，右腿屈膝半蹲，左脚跟步，左腿蹬直成右弓步；同时，右拳向前冲出，左拳下落向后冲出，两拳拳眼均向上，拳略高于肩，目视右拳。（图73-3）

图73-1

图73-2　　　　　　　　图73-3

第七段

第七十三式　叠捶

1. 接上势，右脚向左后方撤一大步，右腿直立站起，左腿屈膝上提，脚尖向下，脚面绷直；同时，右拳下落，向后绕环，上举至头上方，左拳变掌下落至左膝面上，掌心向上，目视前方。（图74-1）

2. 左脚下落震脚，两腿屈膝半蹲；同时，右拳向下，拳背砸至左掌心，目视前方。（图74-2）

图74-1 　　　　　　　　图74-2

第七十四式　拍腿攒捶

1.接上势，左腿直立站起，右腿向前弹踢，脚面绷直，力达脚尖，略低于腰；同时，左掌上提翻掌，掌心向下，右拳变掌，经面前向上绕环一周，击打左掌，两掌高与肩平，目视两掌。（图75-1）

2.右脚向后方落步，右腿直立站起，左腿屈膝上提，脚尖向下，脚面绷直；同时，右掌变拳收至腰间，拳心向上，左掌下落，击拍左膝面，目视前方。（图75-2）

3.左脚向前落步，左腿屈膝半蹲，右腿蹬直成左弓步；同时，右拳自腰间向前冲拳，拳心向下，高与肩平，左掌掌心向下，搭扶在右腕处，沿右小臂收至右大臂上，目视右拳。（图75-3）

图75-1

图75-2 　　　　　　　　图75-3

第七十五式　开心掌

1．接上势，右腿直立站起，左腿屈膝上提，脚尖向下，脚面绷直；同时，左掌向左侧推出至肩平，指尖向上，掌心向外，右拳变掌收至左肩内侧，指尖向上，掌心向外，目视前方。（图76-1）

2．身体右后转体180度，左脚随转体下落，右脚活步后转；同时，左掌收至右肩内侧，指尖向上，掌心向外，右掌前推，指尖向前，虎口向上，略高于肩，目视右掌。（图76-2）

3．右脚向前上一大步，右腿屈膝半蹲，左腿蹬直成右弓步；同时，右掌变拳收至腰间，拳心向上，左掌向前推出，指尖向上，掌心斜向下，掌略低于肩，目视前方。（图76-3）

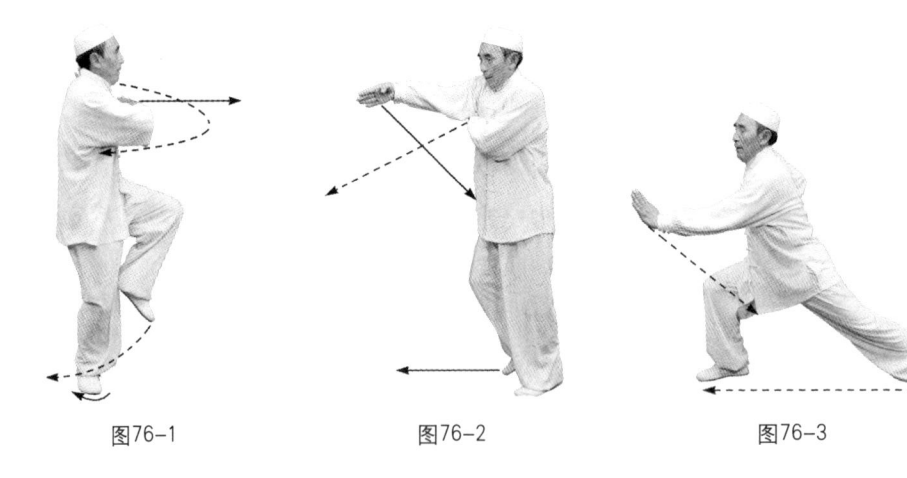

图76-1　　　　　图76-2　　　　　图76-3

第七十六式　开心捶

1．接上势，右腿不动，左脚向前跟步，脚尖点地成左丁字步；同时，右拳不动，左掌下截至左膝下方，虎口向上，掌心向内，指尖斜向下，目视前下方。（图77-1）

2．左脚脚跟落地，右脚向前上一大步，右腿屈膝半蹲，左腿蹬直成右弓步；同时，右拳从腰间向前冲出，左

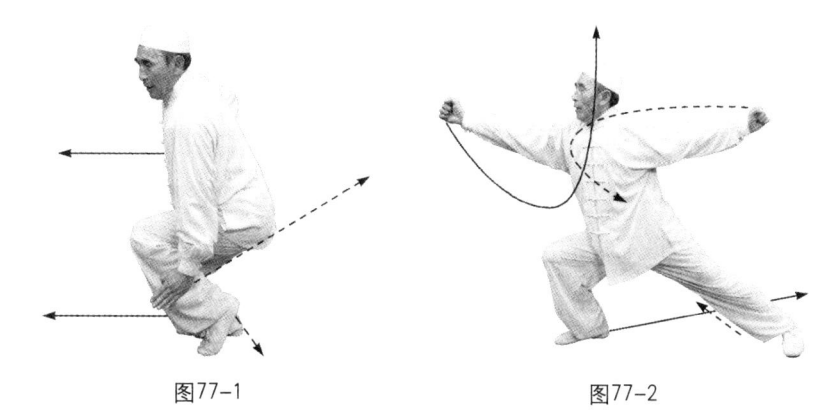

掌变拳向后冲出，拳眼均向上，略高于肩，目视右拳。（图77-2）

第七十七式　弓步劈拳

1. 接上势，右脚向右后方撤一大步，右腿直立站起，左腿屈膝上提，脚尖向下，脚面绷直；同时，右拳下落，经腰间向上冲拳至头上方，拳眼向后，力达拳面，左拳变掌经头向下击拍左膝面，目视前方。（图78-1）

2. 左脚下落与右脚并步站立；同时，右拳不动，左掌收至腰间，掌心向上，指尖向前，目视前方。（图78-2）

3. 右脚向前上步，右腿屈膝半蹲，左腿蹬直成右弓步；同时，右拳下劈，至面前，拳眼向上，略高于肩，左掌上托，托住右小臂，目视右拳。（图78-3）

第七十八式　狮子大张嘴

接上势，右弓步不变，右拳变掌下落向后绕环上架于头上方，指尖斜向上，掌心斜向外；同时，左掌翻掌下按于右膝内侧，掌心向下，目视前方。（图79）

第七十九式　败势

1.接上势，身体左转90度，左脚向右前方上步，左腿屈膝半蹲，右脚跟步，脚尖点地成右丁字步；同时，左掌收至右肩内侧，指尖向上，掌心向外，右掌下落至右脚脚腕处，指尖向下，掌心斜向后，目视右前方。（图80-1）

2.右脚跳起活步，左脚向左前方上步，左腿屈膝半蹲，右腿蹬直成左弓步，左掌向上架于头顶斜上方，指尖向上，掌心向外，右掌经面前绕环向下按掌至右膝上方，掌心向下，目视右掌。（图80-2）

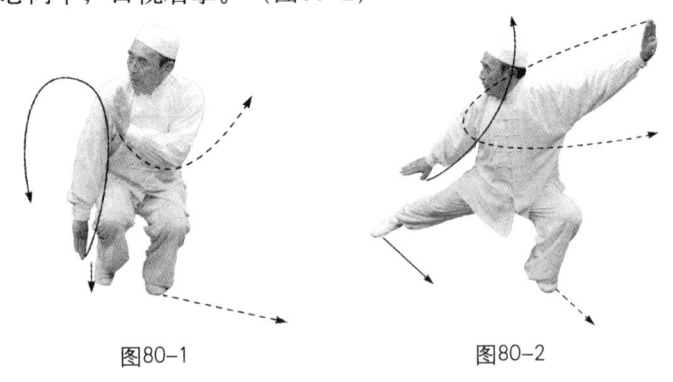

图79

图80-1　　图80-2

第八十式　进步托掌

1.接上势，右脚向左前方上步后，左脚向左前方上步，两腿屈蹲，左脚尖侧转成左开马步；同时，右掌向上经面部上架至头上方，掌心斜向上，左掌经面前下落向左侧撩掌，掌心向上，目视左掌。（图81-1）

2.右脚向左前方上步，身体左转180度，左脚活步，两腿并步站立；同时，右掌随转体向下经腹前向上托起，略高于头，左掌收至右肩内侧，两掌心均向上，目视右掌。

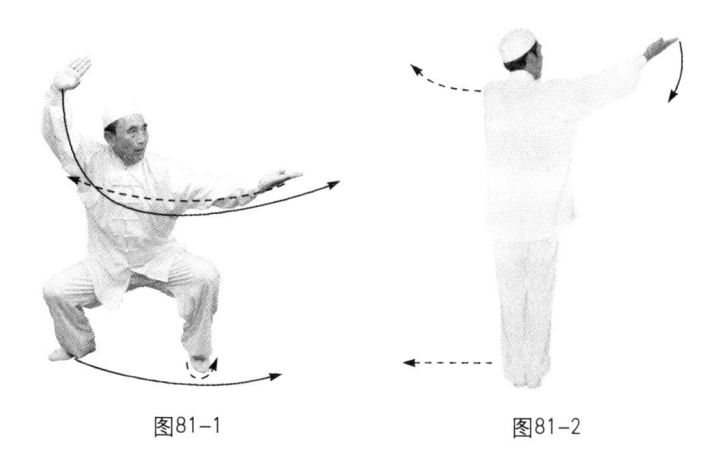

图81-1　　　　　　　　图81-2

(图81-2)

第八十一式　旗鼓势

1.接上势，左脚向左侧开步，两腿屈蹲成左开马步；同时，右掌下落至肩平，左掌下落向左侧挑掌至肩平，两臂伸直，两掌虎口向上，掌心向前，目视前方。（图82-1）

2.右掌向前向后绕环，左掌向后向前绕环，绕环两周后，右掌上架至头上方，掌心斜向上，左掌变拳，拳面下栽于左膝面上，目视左侧。（图82-2至图82-4）

图82-1

图82-2 　　　　　　图82-3 　　　　　　图82-4

收势

1. 接上势，重心移至右腿，左脚尖前点成左虚步；同时，右掌变拳，与左拳同时收于腹前，两拳拳心均向下，拳面相对，目视前方。（图83-1、图83-1背向图）

2. 左虚步不变，两拳环抱由下向右向前向左绕环后仍收至腹前，拳心向下，拳面相对，目随拳动。（图83-2、图83-2背向图）

图83-1 　　　图83-1 背向图 　　　图83-2 　　　图83-2 背向图

3. 两拳不动，左脚回收，与右脚并步站立，目视前方。（图83-3、图83-3背向图）

4. 两腿并步站立不动，两拳变掌下落，掌心向内，指尖向下，贴于两腿外侧裤缝，目视前方。（图83-4、图83-4背向图）

图83-3 　　　图83-3 背向图 　　　图83-4 　　　图83-4 背向图

五、西扬掌套路运行路线示意图

第一段

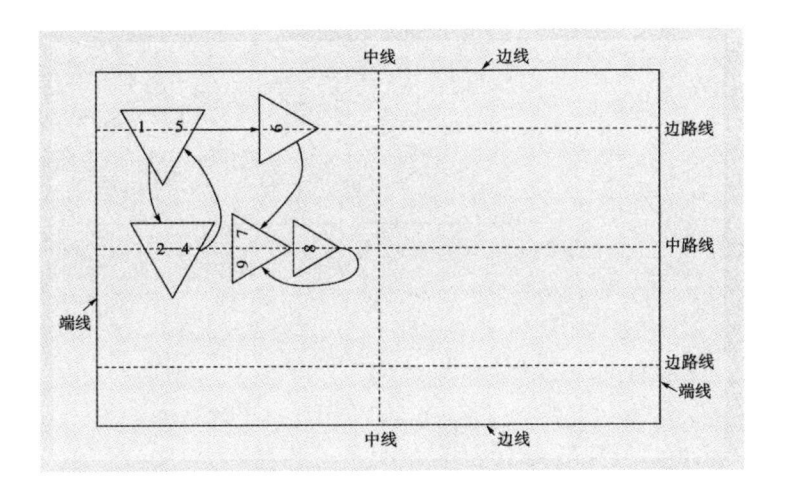

注：

1. 图中的边线、端线、中线为演练场地大小示意线；图中边路线、中路线是在套路演练过程中大致遵循的线路。

2. 图中数字是该式在"西扬掌套路动作图解"中示范图号数，例如1是预备势，6是第五式青龙出水，8是第七式弓步击掌，余类推。

3. 图中数字下方即是该式动作面向。例如1面向南，6面向东，余类推。个别动作不准确，以图解为准。

4. 下面各图不再标注各线段名称。

第二段

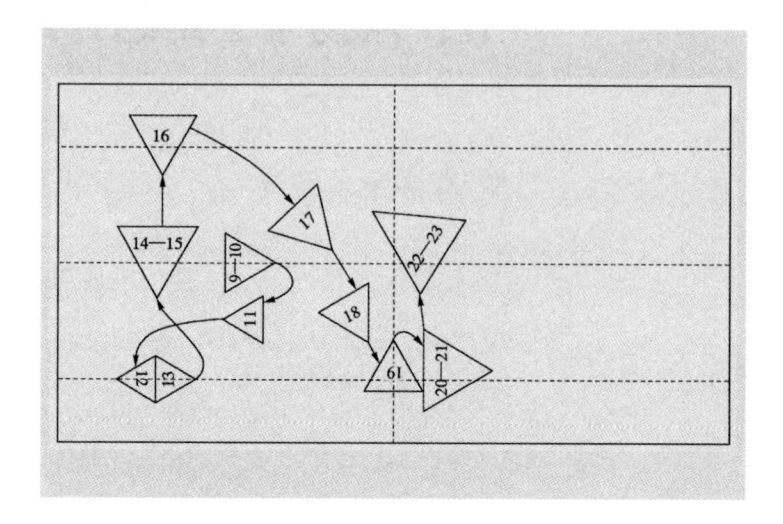

第三段

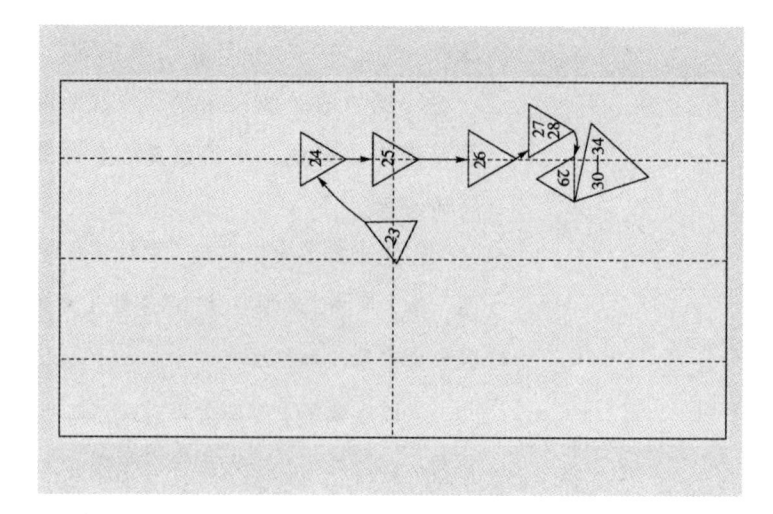

五、西扬掌套路运行路线示意图

第四段

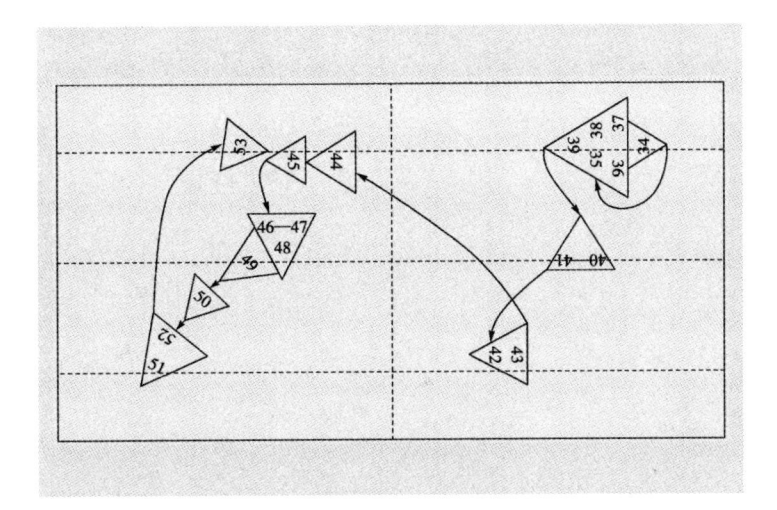

第五段

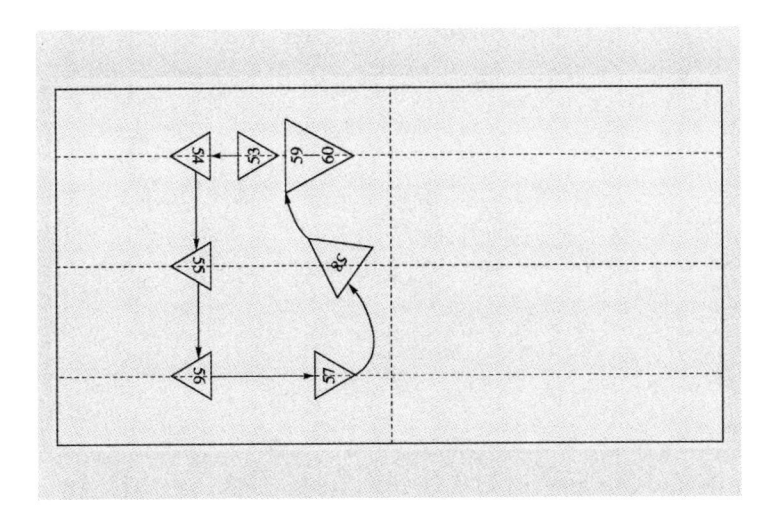

第六段

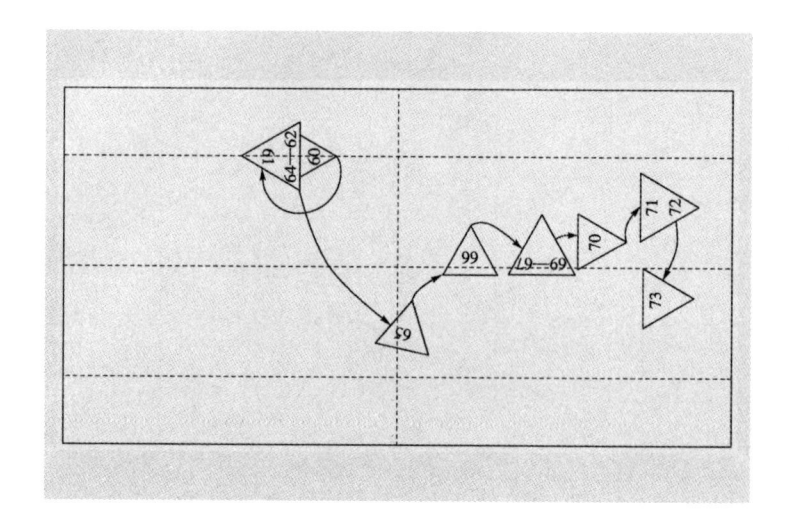

第七段

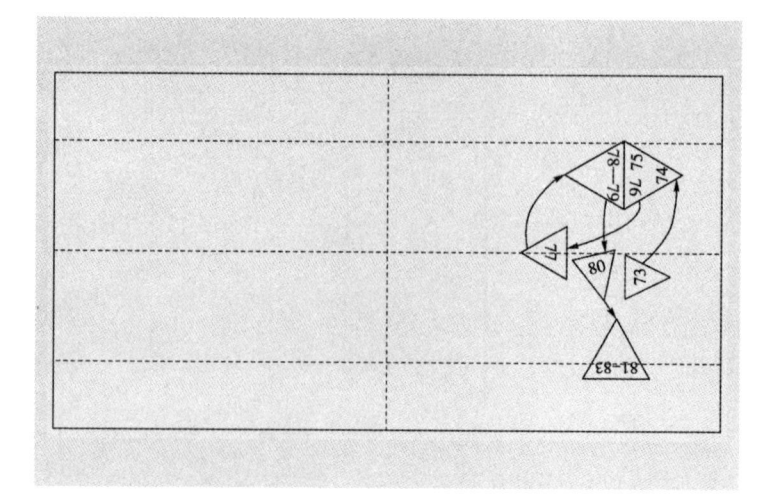

六、西扬掌套路动作连续演示图

图1

图2-1

图2-2

图2-3

忠义门拳之西扬掌

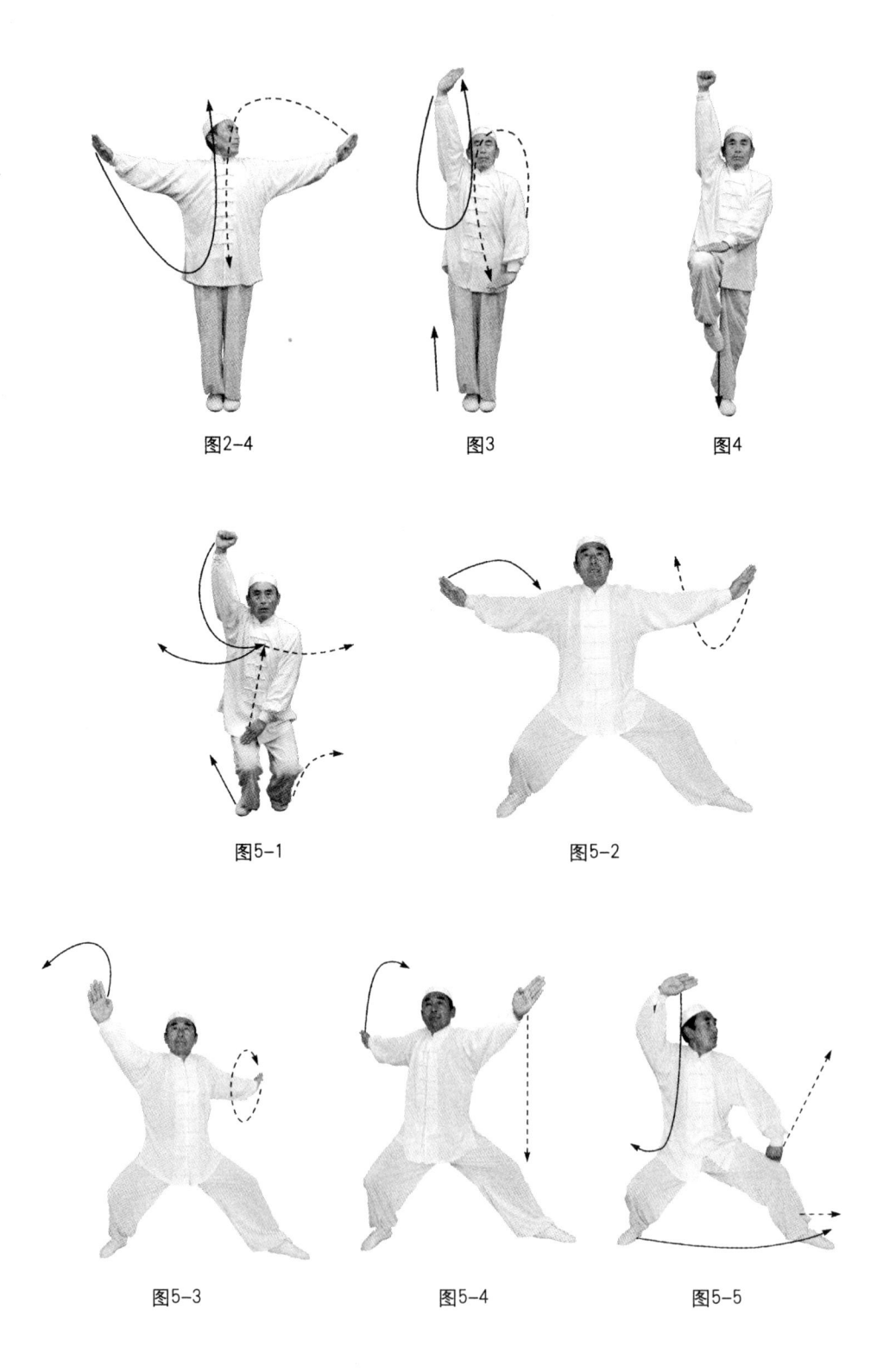

图2-4

图3

图4

图5-1

图5-2

图5-3

图5-4

图5-5

六、西扬掌套路动作连续演示图

图6　　　　　　　图7-1　　　　　　　图7-2

图8-1　　　　　　　图8-2

图9-1　　　　　　　图9-2

忠义门拳之西扬掌

图10-1　　　　　图10-2　　　　　图10-3

图11-1　　　　　图11-2　　　　　图11-3

图12-1　　　　　图12-2　　　　　图12-3

六、西扬掌套路动作连续演示图

图13

图14-1

图14-2

图14-3

图15-1

图15-2

图16-1

图16-2

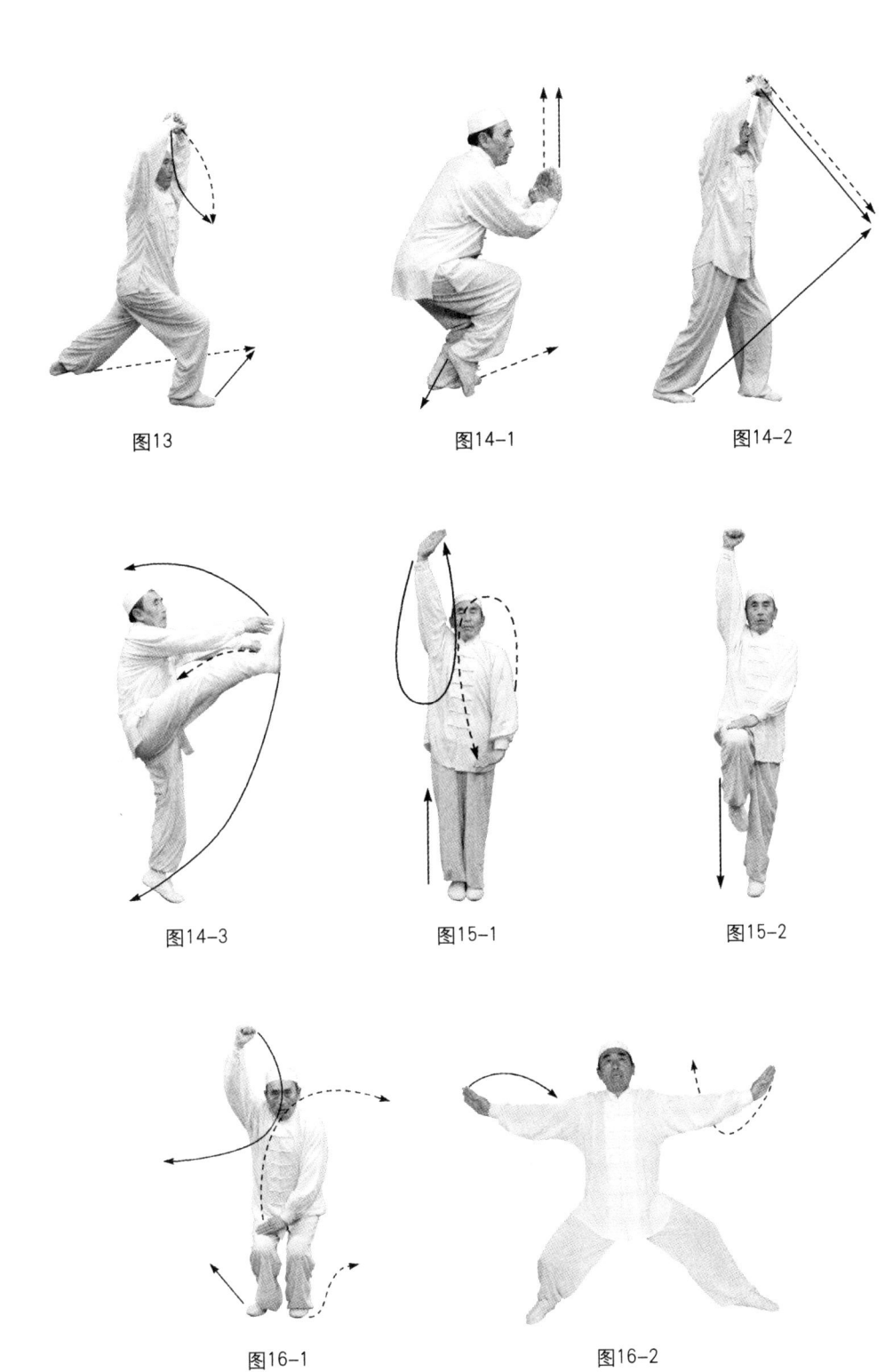

忠义门拳之西扬掌

068

图16-3　　　　　　　　图16-4　　　　　　　　图16-5

图16-6　　　　　　　　图17-1　　　　　　　　图17-2

图18　　　　　　　　图19-1

六、西扬掌套路动作连续演示图

图19-2

图19-3

图19-4

图19-5

图20

图21-1

图21-2

忠义门拳之西扬掌

图22-1

图22-1 背向图

图22-2

图22-3

图23

图24-1

图24-2

图24-3

图24-4

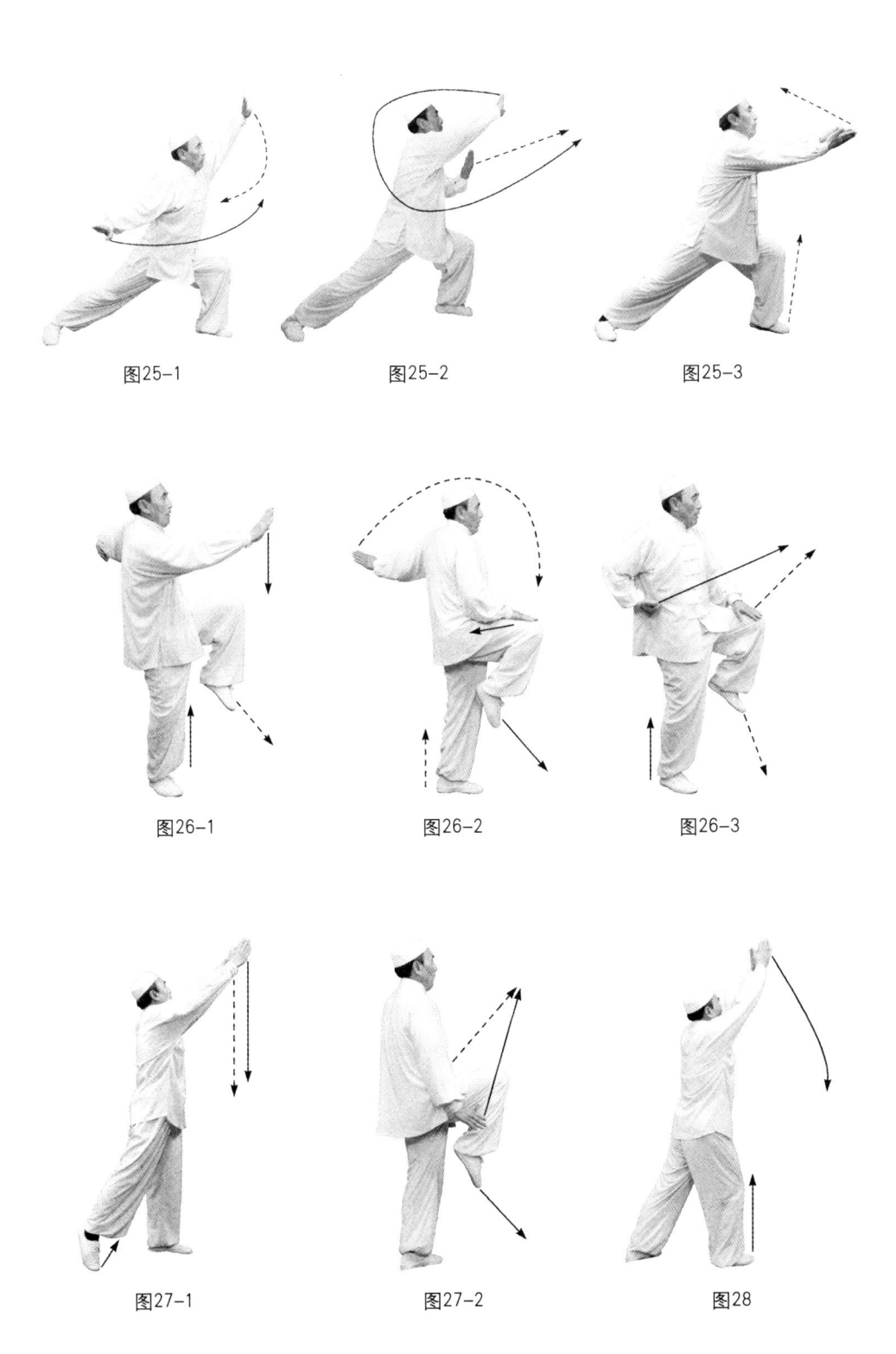

六、西扬掌套路动作连续演示图

图25-1　　　　　　图25-2　　　　　　图25-3

图26-1　　　　　　图26-2　　　　　　图26-3

图27-1　　　　　　图27-2　　　　　　图28

图29-1　　　　　　　　　图29-2　　　　　　　　　图30

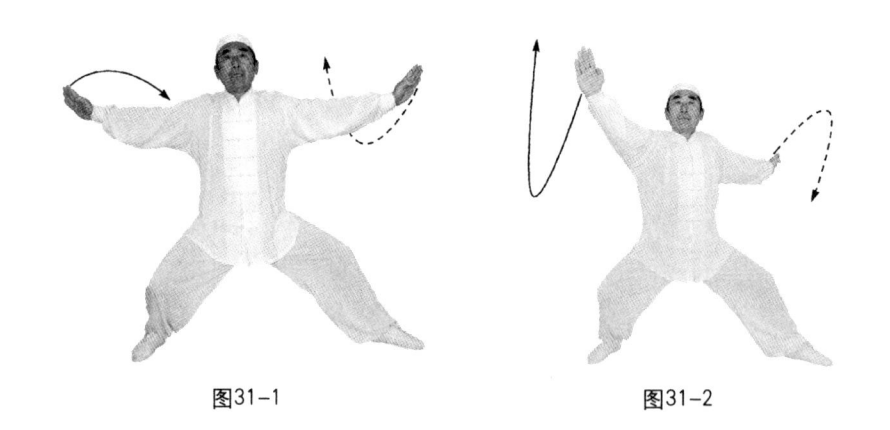

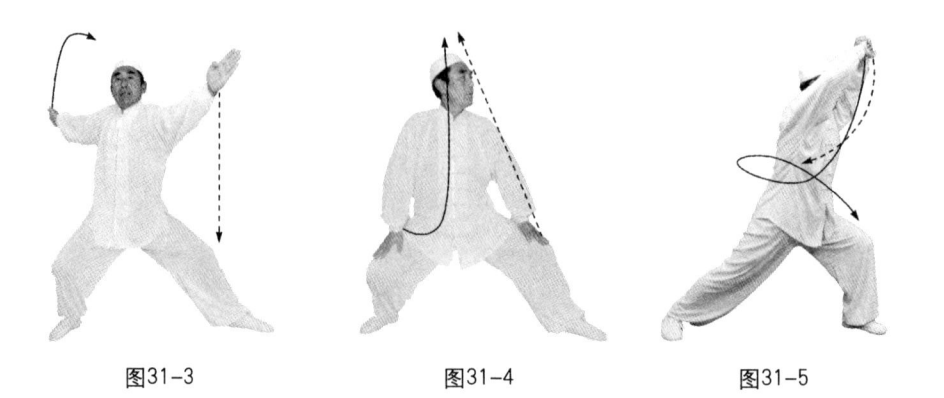

图31-1　　　　　　　　　图31-2

图31-3　　　　　　　图31-4　　　　　　　图31-5

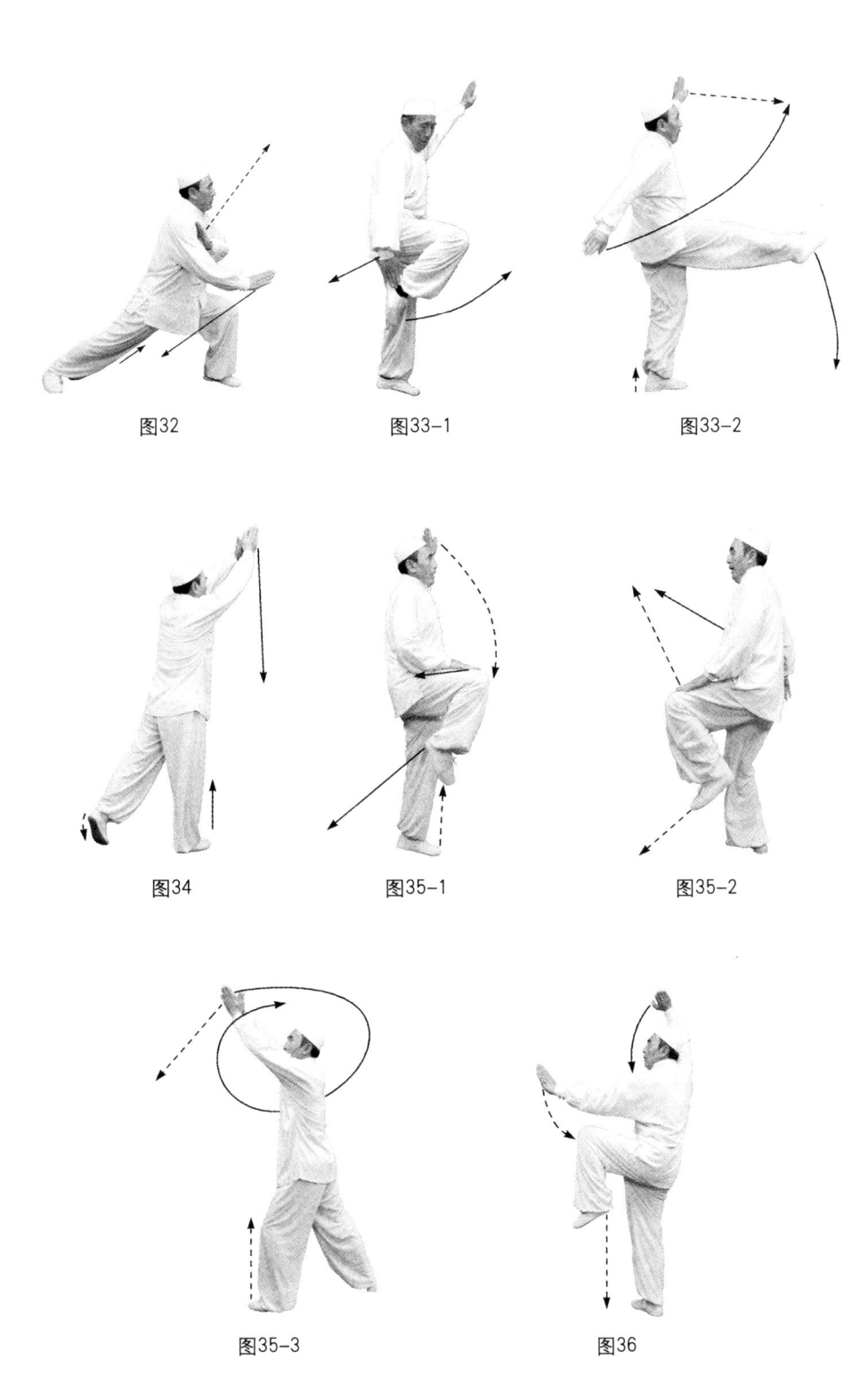

六、西扬掌套路动作连续演示图

图32

图33-1

图33-2

图34

图35-1

图35-2

图35-3

图36

忠义门拳之西扬掌

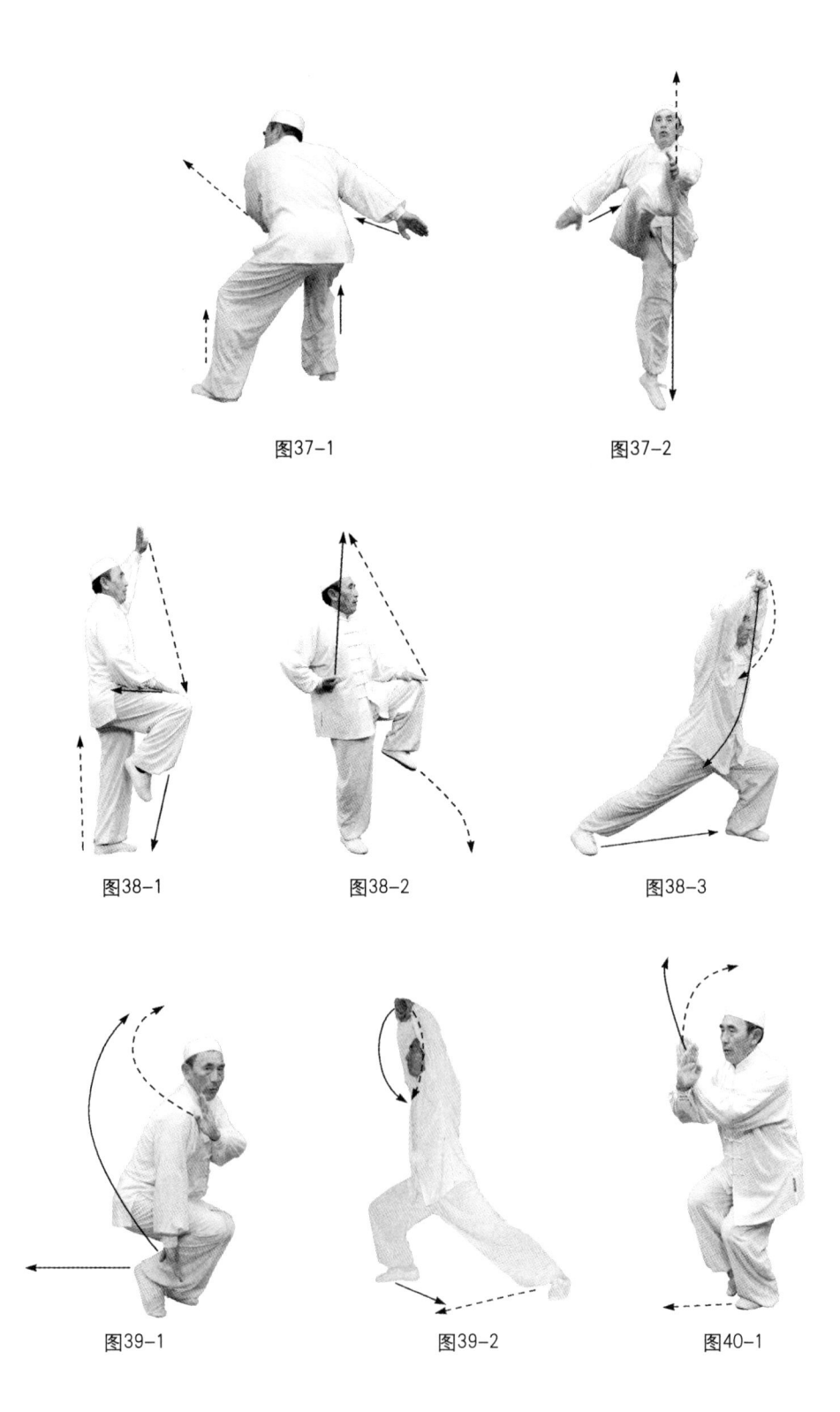

图37-1　　　　　　　　　图37-2

图38-1　　　　　　图38-2　　　　　　图38-3

图39-1　　　　　　图39-2　　　　　　图40-1

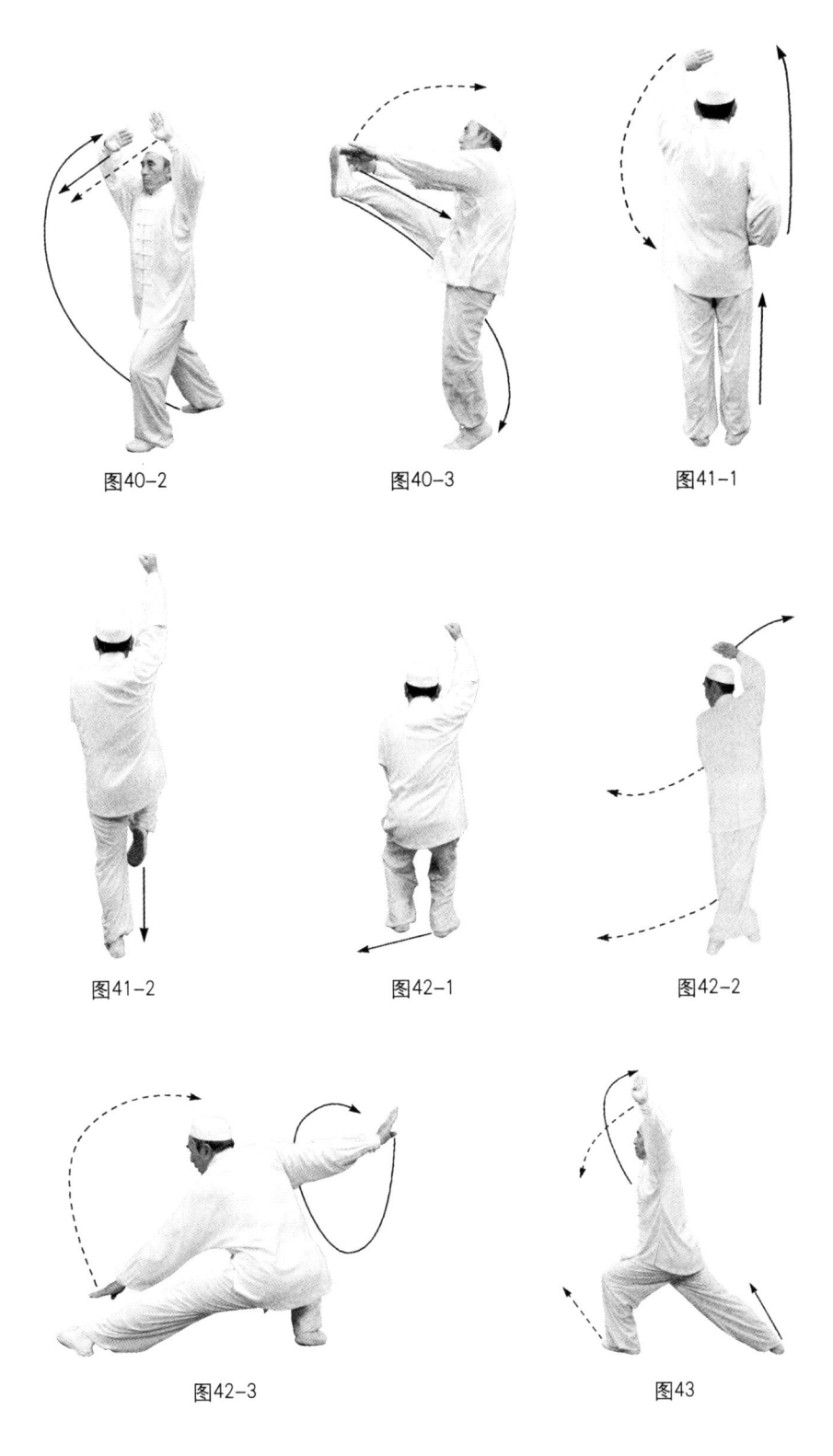

六、西扬掌套路动作连续演示图

图40-2

图40-3

图41-1

图41-2

图42-1

图42-2

图42-3

图43

忠义门拳之西扬掌

图44-1

图44-2

图44-3

图44-4

图45-1

图45-2

图46-1

图46-2

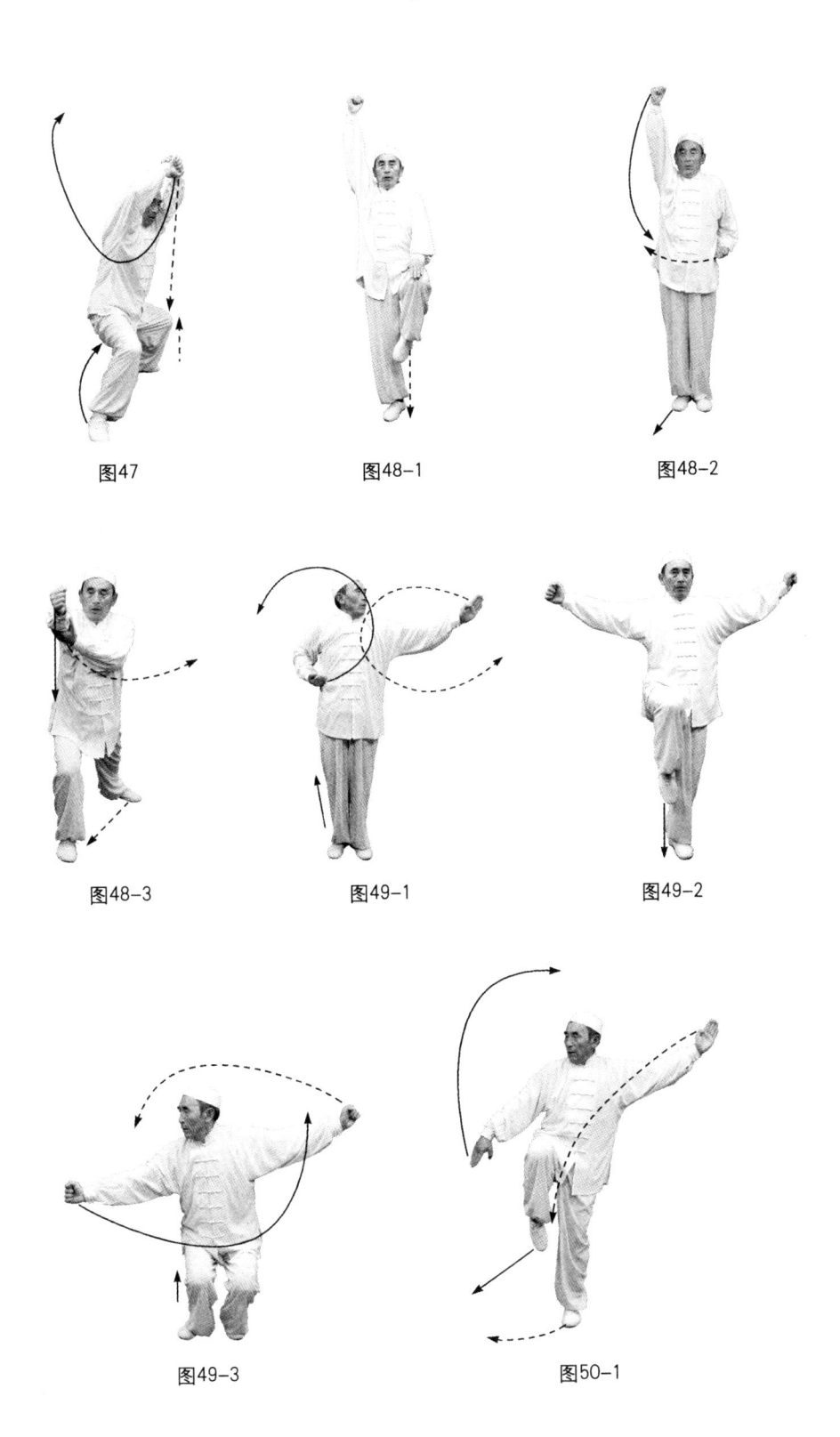

六、西扬掌套路动作连续演示图

图47　　　　　图48-1　　　　　图48-2

图48-3　　　　　图49-1　　　　　图49-2

图49-3　　　　　图50-1

图50-2　　　　　图51-1　　　　　图51-2

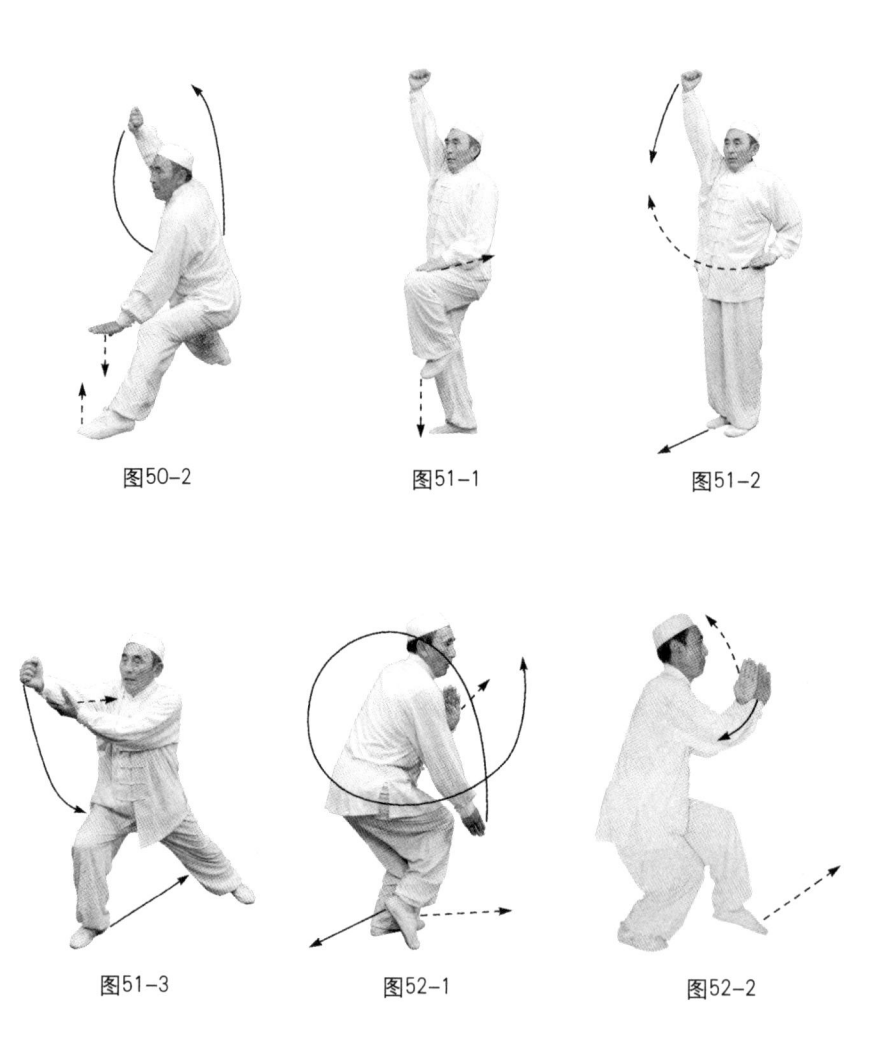

图51-3　　　　　图52-1　　　　　图52-2

图53-1　　　　　　　　图53-2

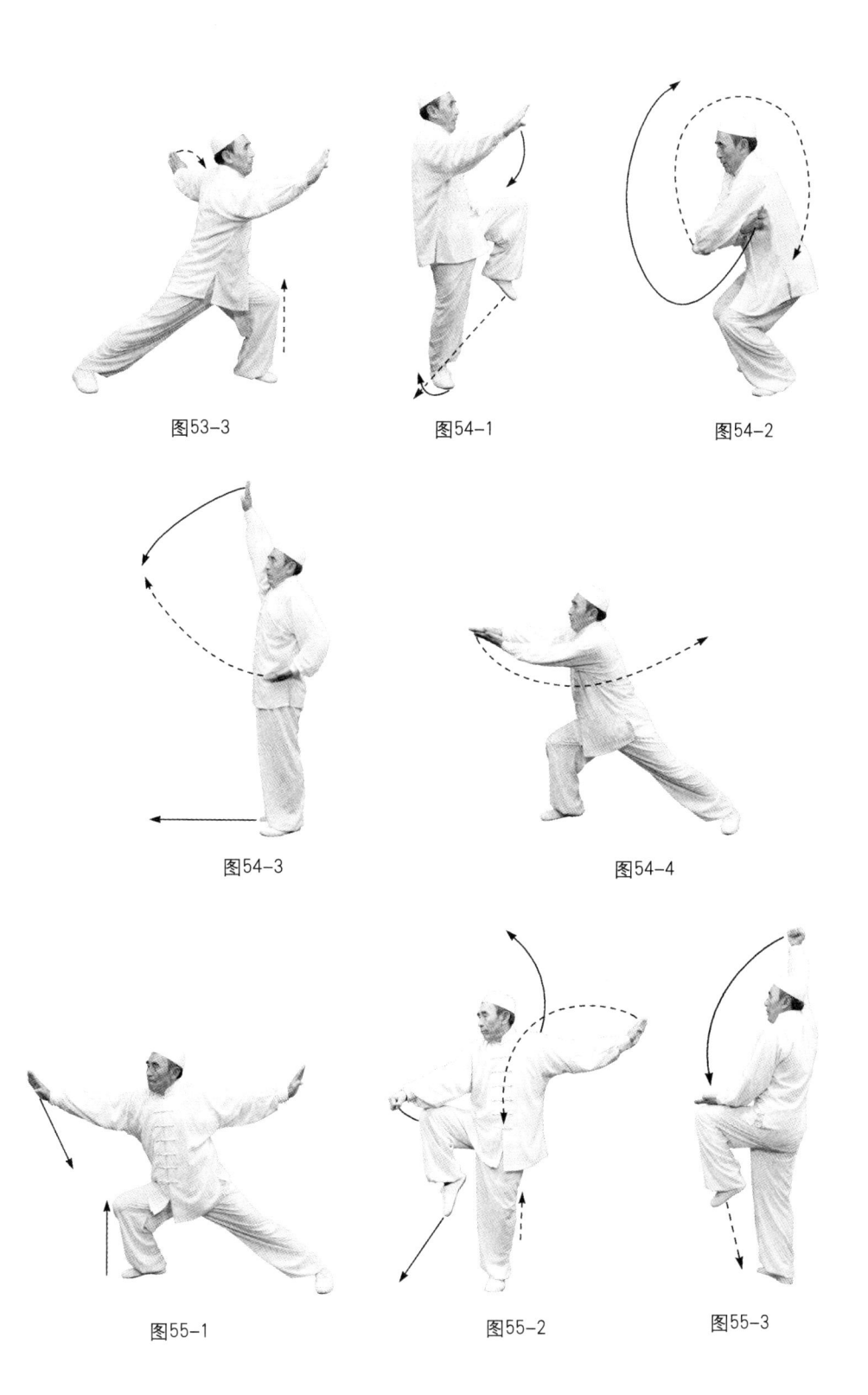

六、西扬掌套路动作连续演示图

图53-3　　　　　　图54-1　　　　　　图54-2

图54-3　　　　　　　　　图54-4

图55-1　　　　　　图55-2　　　　　　图55-3

忠义门拳之西扬掌

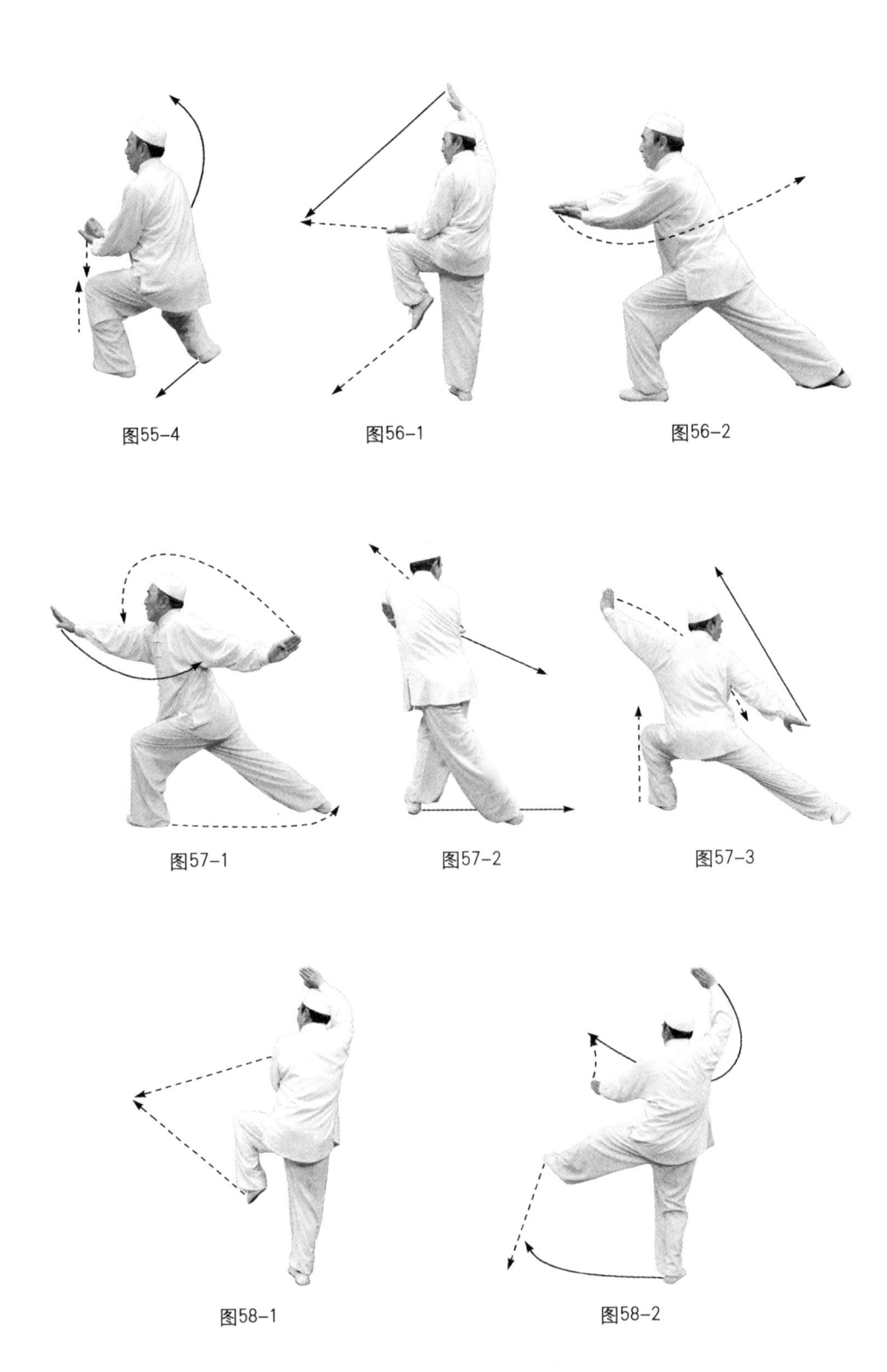

图55-4　　　　图56-1　　　　图56-2

图57-1　　　　图57-2　　　　图57-3

图58-1　　　　　　图58-2

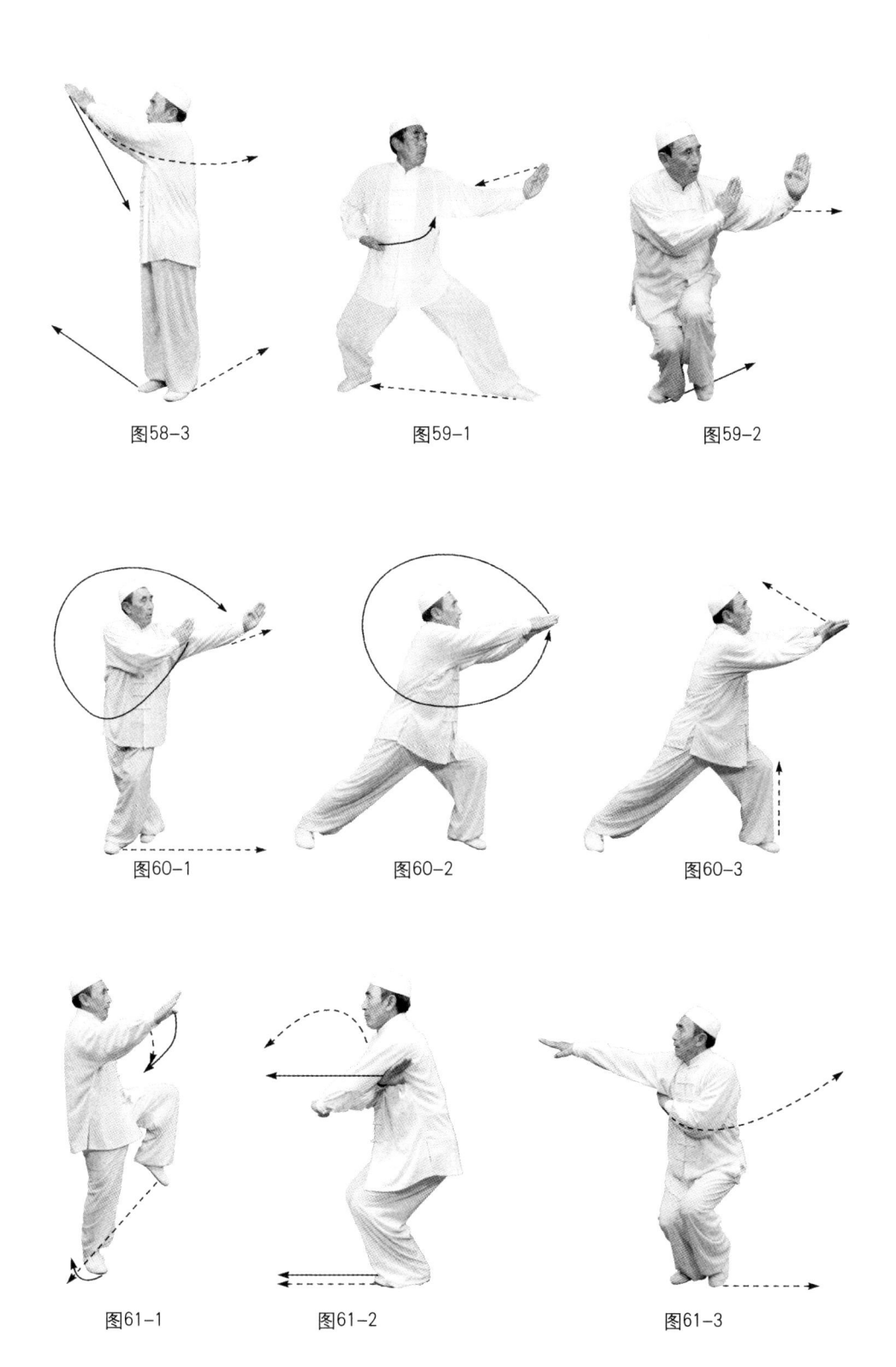

六、西扬掌套路动作连续演示图

图58-3

图59-1

图59-2

图60-1

图60-2

图60-3

图61-1

图61-2

图61-3

图62-1　　　　　　　　　图62-2

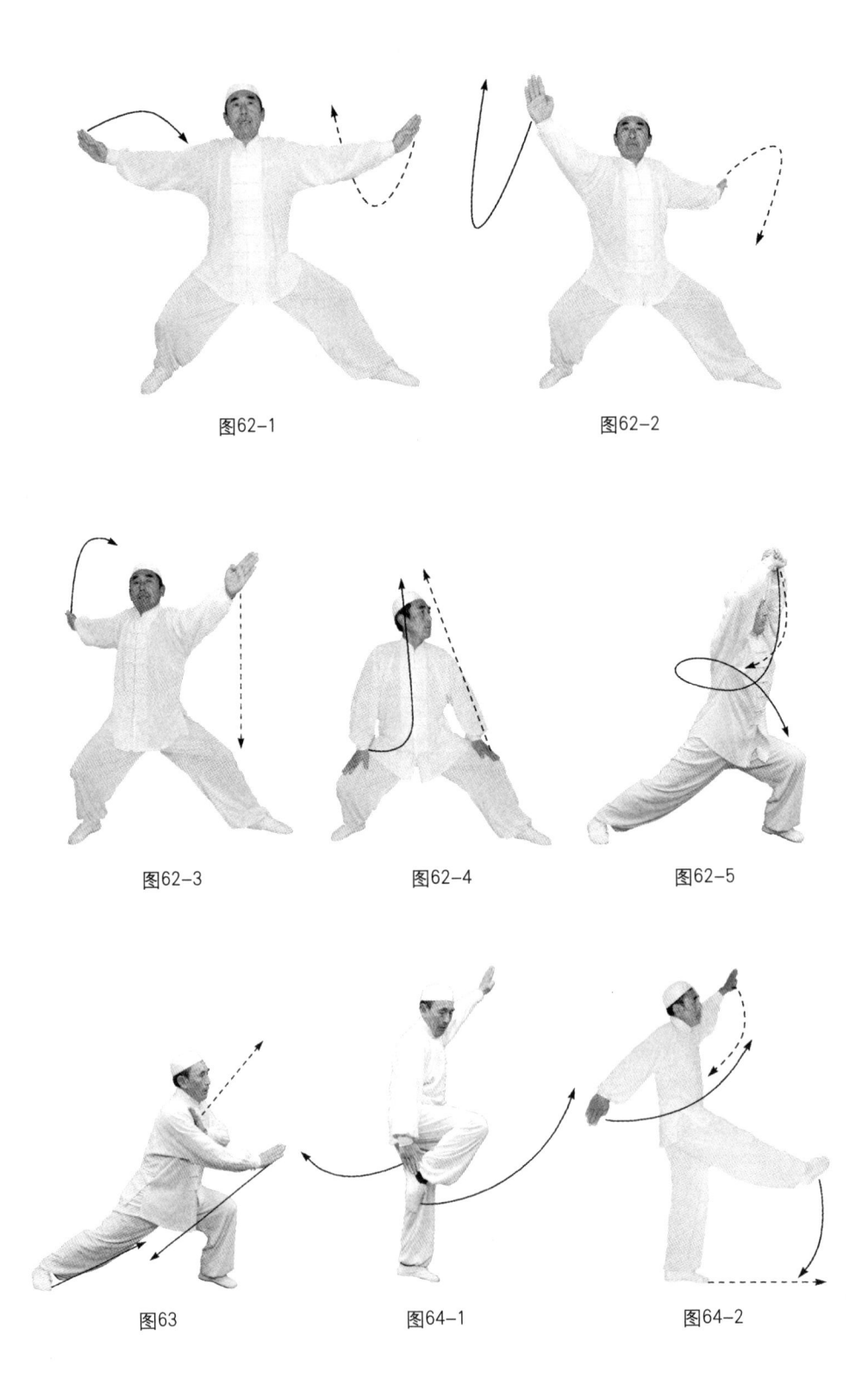

图62-3　　　　　图62-4　　　　　图62-5

图63　　　　　图64-1　　　　　图64-2

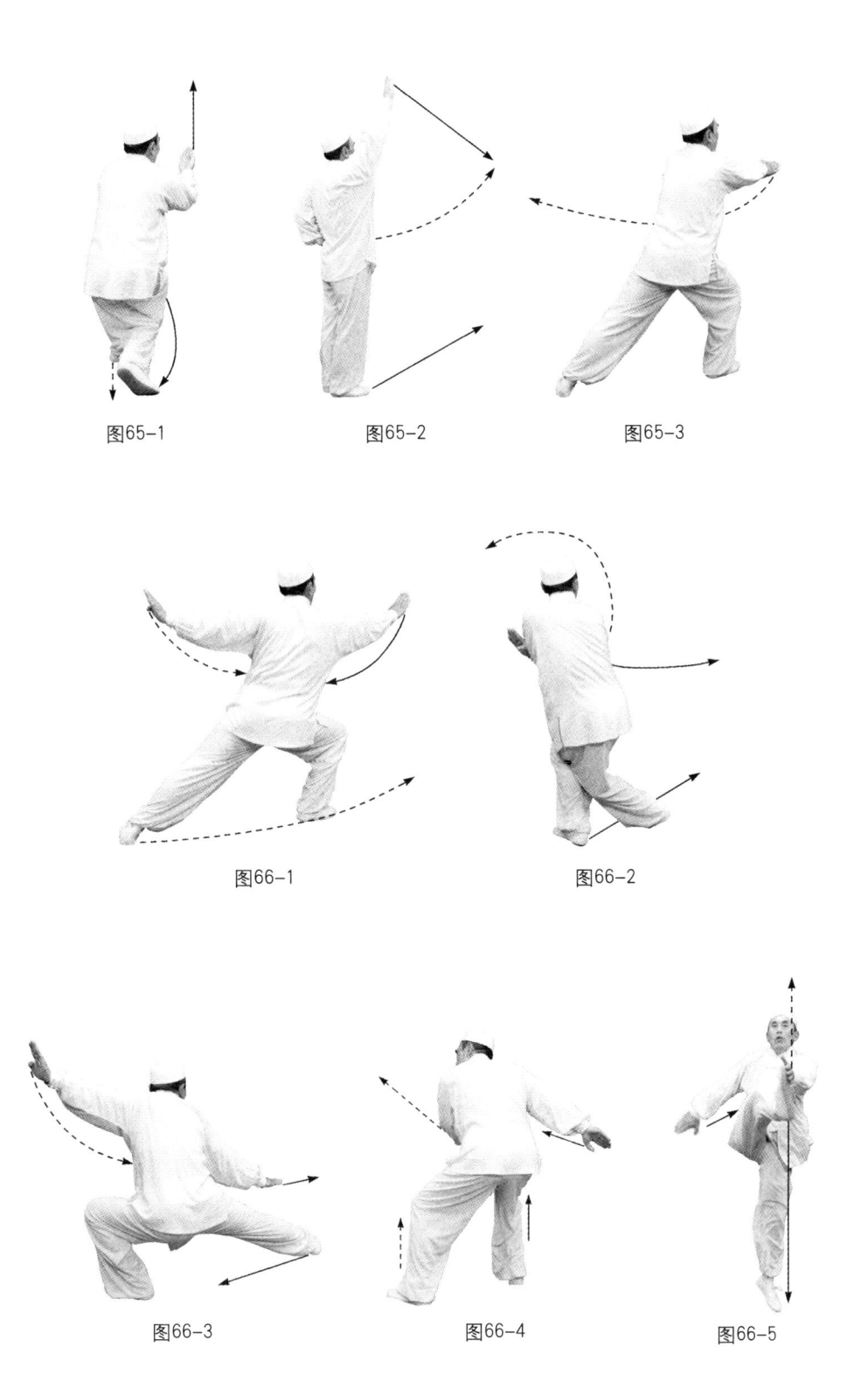

六、西扬掌套路动作连续演示图
083

图65-1　　　　　图65-2　　　　　图65-3

图66-1　　　　　图66-2

图66-3　　　　　图66-4　　　　　图66-5

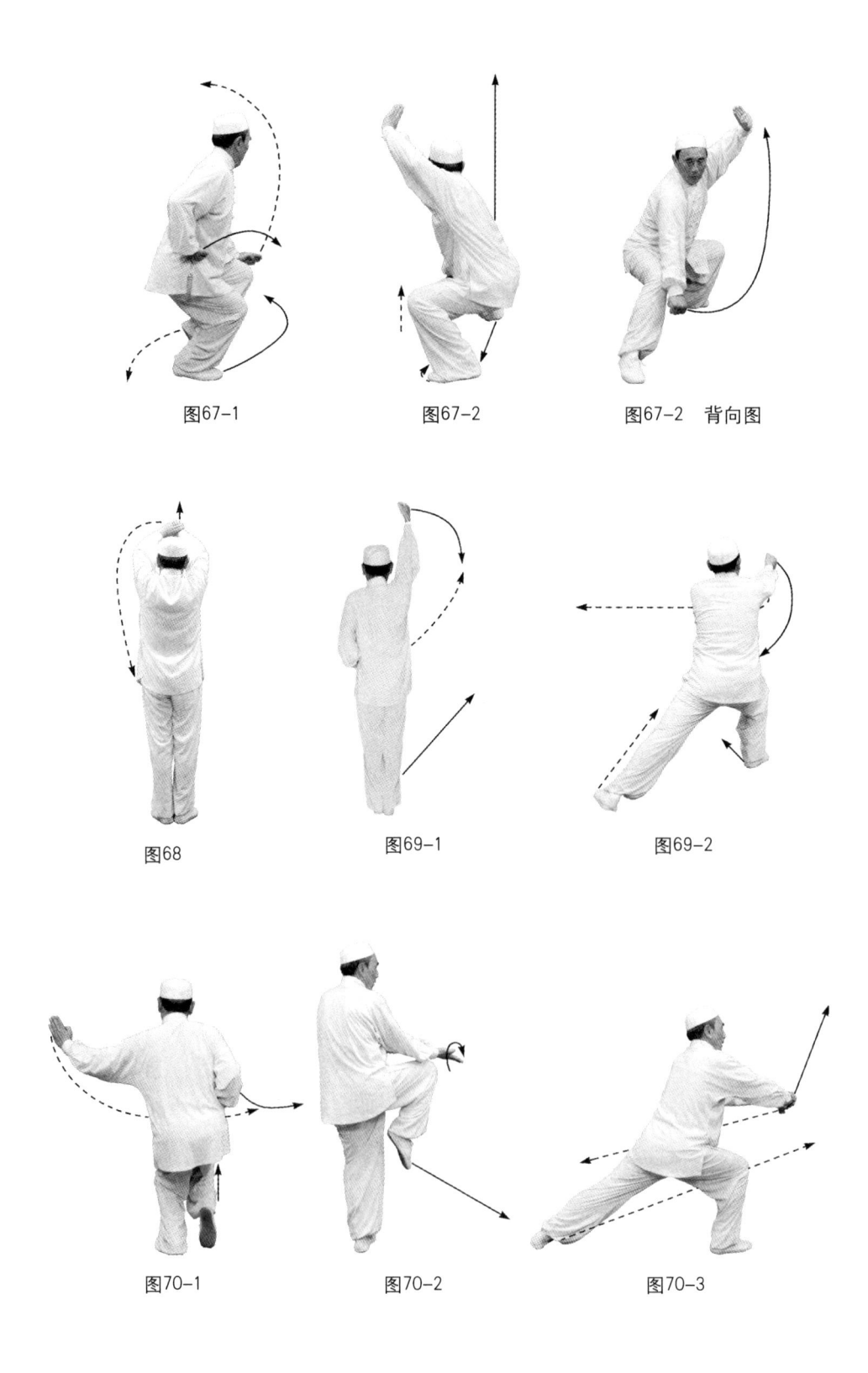

图67-1　　　　　　图67-2　　　　　　图67-2 背向图

图68　　　　　　图69-1　　　　　　图69-2

图70-1　　　　　　图70-2　　　　　　图70-3

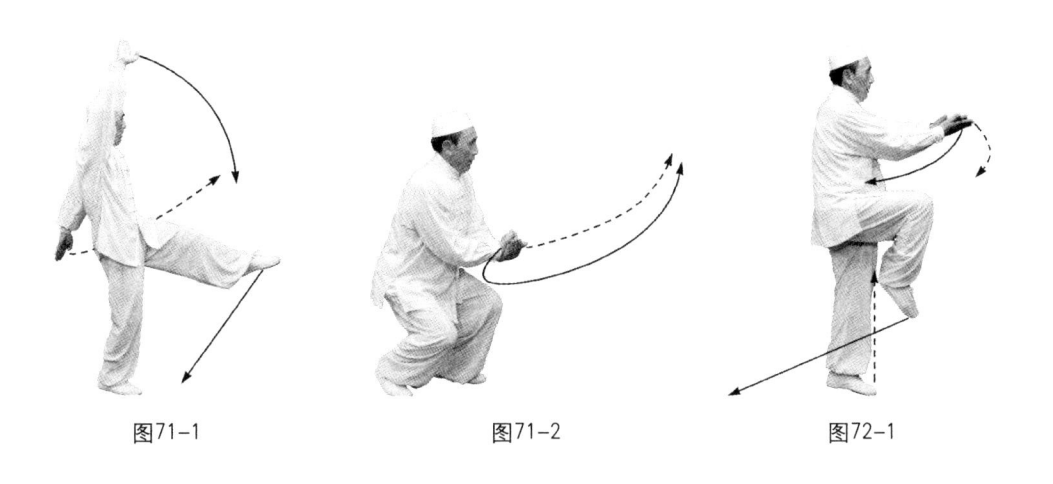

六、西扬掌套路动作连续演示图

085

图71-1　　　　　图71-2　　　　　图72-1

图72-2　　　　　图72-3　　　　　图73-1

图73-2　　　　　图73-3

忠义门拳之西扬掌

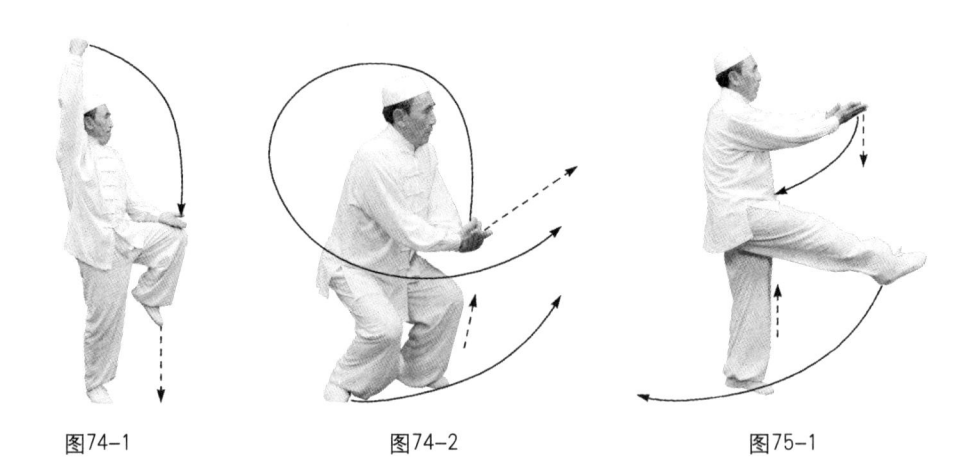

图74-1　　　　　图74-2　　　　　图75-1

图75-2　　　　　图75-3

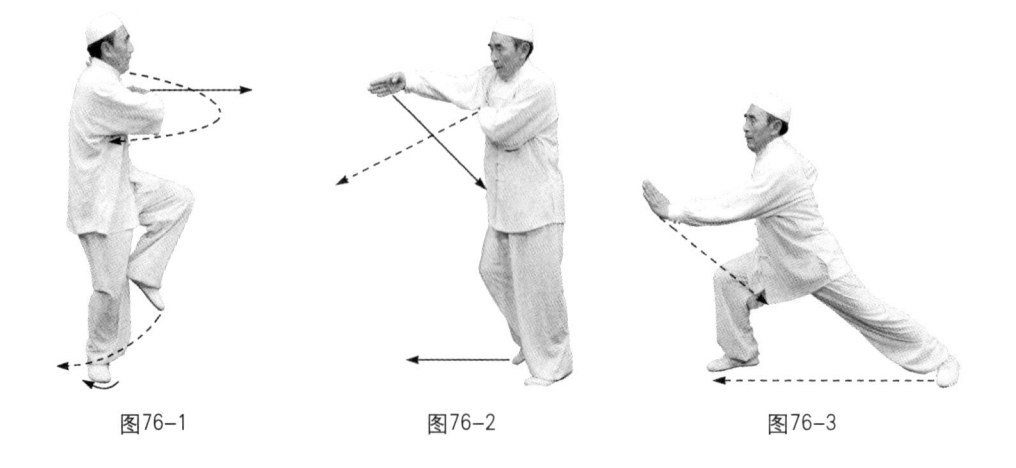

图76-1　　　　　图76-2　　　　　图76-3

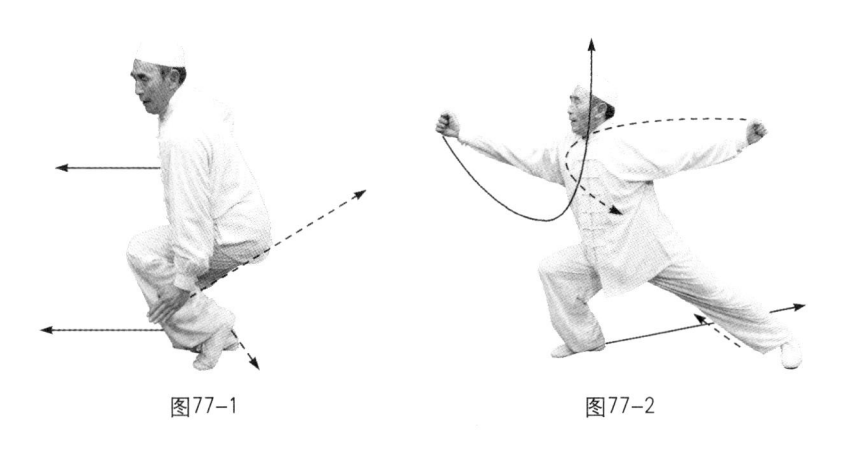

六、西扬掌套路动作连续演示图

图77-1

图77-2

图78-1

图78-2

图78-3

图79

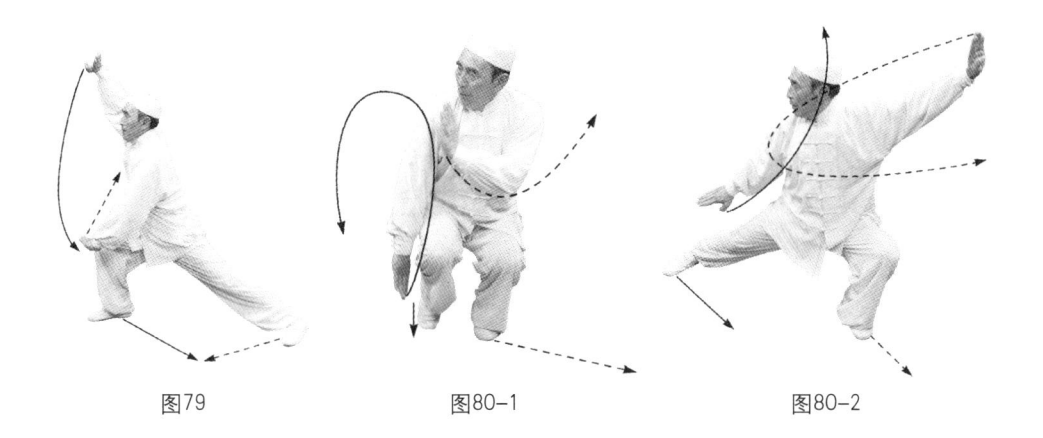

图80-1

图80-2

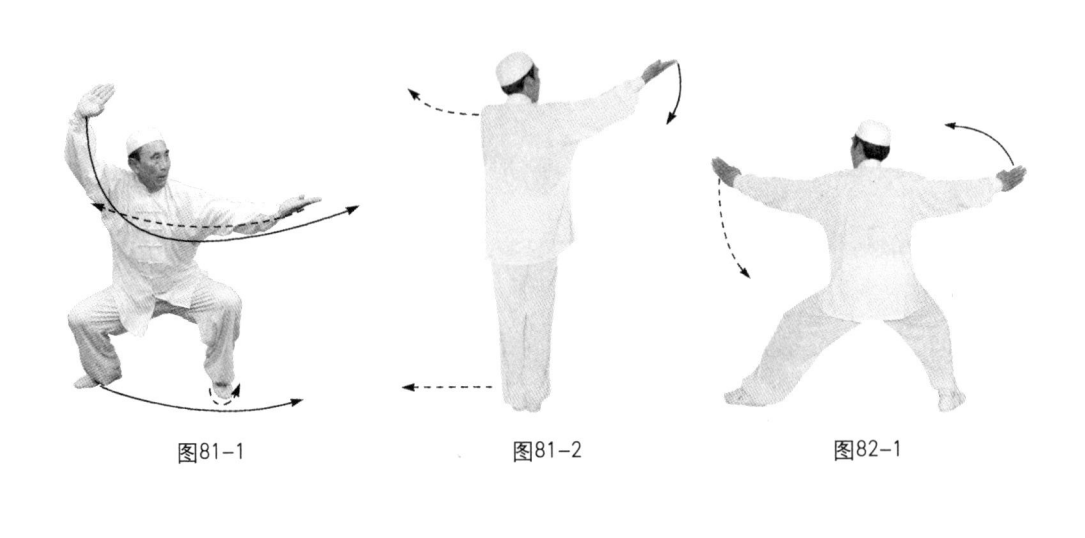

忠义门拳之西扬掌

图81-1

图81-2

图82-1

图82-2

图82-3

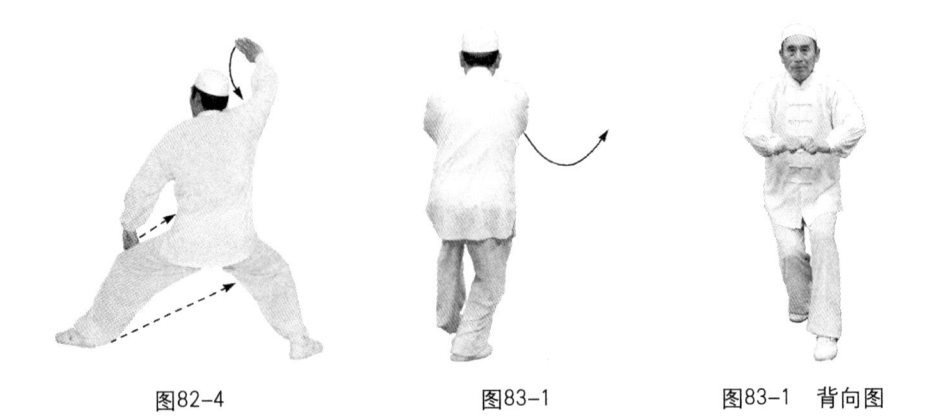

图82-4

图83-1

图83-1 背向图

六、西扬掌套路动作连续演示图

图83-2 　　　　　　　　　　　　图83-2　背向图

图83-3 　　　　　　　　　　　　图83-3　背向图

图83-4 　　　　　　　　　　　　图83-4　背向图

附录一　忠义门拳传系表

一世　　马捕头

二世　　马科成　　赵奎元　　赵奎厢

三世　　李茂春（1864—1951）

　　　　关既兴（1890—1984）

　　　　赵西奇　　赵福兴

四世　　韩金发（1888—1968）

　　　　马芳进（1897—1977）

　　　　王志修（1911—1981）

　　　　赵西成（1914—1998）

　　　　关永志（1915—1995）

　　　　关玉玺（1916—1989）

　　　　盖聚才（1916—1997）

　　　　马芳彬（1917—2003）

　　　　关德云（1917—2011）

　　　　赵西祥（1918—2012）

　　　　吕自才（1919—1992）

　　　　金长才（1920—2002）

　　　　马建山（1921—2016）

　　　　马春轩（1922—1995）

关振生（1922—2002）

关景云（1923—2006）

丁发祥（1924—2008）

五世   关玉堂   赵天河   赵传鹏   王保忠   丹化章

           赵世堂   关晓志   赵德山   马化林   关　伟

           关玉贵   王保堂   赵传振   赵德堂   赵天明

           赵传礼   赵西强   关晓领   刘洪亮   赵德立

           赵德雨   赵德亮   赵来君   韩云亭

附录二 师范宛在

一世至三世代表人物

一、马捕头

生卒年不详，大约为清嘉庆至光绪年间人，宁陵县城关回族镇东街村人。综合炮拳、查拳、红拳、华拳、教门拳、弹腿等拳种创立了忠义门拳。"忠义门拳"寓意"忠于国家、忠于民族、见义勇为、行侠仗义"。他担任县捕头多年，勤勉公道，境中安宁，艺高德昭，称誉乡里。"马捕头"人人皆知，但他的本名反被大家遗忘。授徒众多，其子马科成武艺高超，几臻化境，名传豫、鲁、苏、皖广大地区。

他为忠义门拳开宗立派之人，功德无量。

二、马科成

马科成系马捕头之子。生卒年不详，大约为清咸丰至民国初年人，宁陵县城关回族镇东街村人。马科成天资聪明，勤奋好学，幼年随父习武，习无不精，且轻功高超。据传，马科成与父亲在演武堂演练白手夺枪时，被其父持枪逼至山墙处，其父突然一个撒手枪直奔他后心而来，情急之中，他纵身而起，枪尖扎穿他的大袍没入山墙之中，而他却单脚立在枪杆之上，令人称奇。马捕头见其功力如此了得，才放心让他外出游历，以武会友。他外出游历多年，行侠仗义，有很多逸闻趣事在豫、鲁、苏、皖地区广大群众中流传。他是忠义门拳二世拳师中名气最大者。

三、赵奎元（？—1866）

宁陵县城关回族镇东关村人，马捕头弟子，忠义门拳二世著名拳师，善使四样鞭，人送外号"飞鞭赵奎元"。1866年捻军围攻宁陵县城，他在回家取东西时，被捻军发现，寡不敌众，英勇战死。

四、李茂春（1864—1951）

宁陵县城关回族镇东关村人。忠义门拳三世拳师。十岁拜马科成为师，习练忠义门拳。他学习认真，锻炼刻苦，悟性极高，功力深厚，尤善技击。他早期在旧军队中当武术教官时，在团里无人能敌，以"刘海戏金蟾"一招击败团里所有人，是善用"黑虎钻裆"的摔跤高手，备受赞誉。20世纪20年代起在宁陵县东街、谢集，柘城县远襄等回族聚居地传授忠义门拳，弟子众多。为忠义门拳的传播做出了巨大贡献。

五、关既兴（1890—1984）

宁陵县城关回族镇东街村人，忠义门拳三世拳师。他将自己的一生献给了武术事业，为忠义门拳的一代宗师。他痴爱武术，诲人不倦。在20世纪60年代生活相当困苦的情况下，带领弟子坚持义务教拳，培养了一批武术英才，为后来宁陵县武术工作快速发展储备了人才。

关既兴

他心胸宽广，思想解放，在武术挖掘整理工作中，对于忠义门拳的拳种资料毫不保守，认真介绍，对于推动宁陵县武术挖掘整理工作起到了带头作用。

四世代表人物

1. 赵西祥（1918—2012）

宁陵县城关回族镇东关村人，农民，曾长期担任宁陵县武术协会副主席、宁陵县伊斯兰教协会会长职务。

十岁拜关既兴、赵西奇、赵福兴为师习练忠义门拳，又得到商丘县西关回族查拳名师韩学恩的教诲和指导，勤奋好学，刻苦锻炼，几十年苦练不辍，拳术、器械、对练均造诣精深，功力深厚，他的醉八仙拳跌仆滚翻惟妙惟肖，享誉宁陵。20世纪六七十年代与老师关既兴和师兄弟一起义务授拳，培养了大批武术人才，其中有十余人被县体委聘为教练。1977—1979年他三次作为教练员带领弟子参加商丘地区武术表演，均以最佳成绩赢得了赞誉。1979年10月，他任教练带领队员参加了在安阳市举行的河南省武术运动会，六位男队员全部是他的弟子，参赛的朴刀进枪获对练项目最高分，并最终摘得铜牌，还为五国跳伞邀请赛的外国朋友进行了表演，受到大家喝彩。1983年被评为全国千名优秀武术辅导员之一并当选为宁陵县武术协会副主席。1986年9月被宁陵县体委评为宁陵县一级教练员，1993年4月被授予"河南省武术老拳师"光荣称号。2009年1月中国老年人体育协会、中华全国妇女联合会、中国老龄协会授予他第七届全国健康老人称号。作为农民武术家，他的事迹被《河南省地方志》《宁陵县志》《河南省当代回族人物》等志书收录。

赵西祥

2. 关景云（1923—2006）

宁陵县城关回族镇东街村人，农民。

七岁拜关既兴为师习练忠义门拳，又得到商丘县西关

关景云

回族查拳名师韩学恩的教诲和指导，二十年刻苦锻炼，其武术、器械、对练都有很深的功底，尤其是对练项目更是令人称绝。

20世纪六七十年代，与师父关既兴、师兄赵西祥等在东关街义务授拳，培养了很多优秀人才，其侄关晓志、子关晓领多次出席武术表演和比赛。1984年9月他带领关晓志、弟子马化林参加了河南省第二届少数民族传统体育运动会。1986年9月被宁陵县体委评为一级教练员，1987年12月被河南省体育运动委员会评为优秀辅导员，1993年4月被河南省体育运动委员会授予"河南省武术老拳师"称号。

3. 关永志（1915—1995）

宁陵县城关回族镇东关村人，农民，曾任宁陵县武术协会委员。

关永志

九岁开始拜师习武，师从著名忠义门拳拳师关既兴、赵西奇、赵福兴，又得到商丘县西关回族查拳名师韩学恩的教诲和指导，几十年刻苦锻炼，弹腿、西扬掌、查拳、器械、对练等几十个套路娴熟精湛，功法技击功力深厚。他博闻强记，是师兄弟中掌握功法套路最多的一个，其雪片刀、花枪、杜家枪、白手夺三节棍、父子三杆枪、三不齐、三头忙、三英战吕布、五虎群羊阵等尤其精彩。

20世纪六七十年代，与老师关既兴、师兄弟赵西祥等在宁陵县东关街义务授拳，培养了大批武术人才，其中十余人被宁陵县体委聘为教练。参加了1983年宁陵县暑假中小学生武术培训班，培训学生五百余人，对武术运动的普及做出了贡献，其弟子中有多人多次出席武术运动会的表演和比赛。1979年10月，他的弟子在安阳市为五国跳伞邀请赛的运动员、教练员进行表演，父子三杆枪、朴刀进

枪、两节棍进枪、三节棍进枪、三英战吕布等对练套路，攻防逼真、紧张激烈，赢得了外国朋友和参加河南省武术运动会的教练员、运动员的阵阵掌声和赞誉。

1983年12月，他当选宁陵县武术协会委员，1986年9月被宁陵县体委评为一级教练员。

4. 王志修（1911—1981）

宁陵县城关回族镇东街村人，农民。

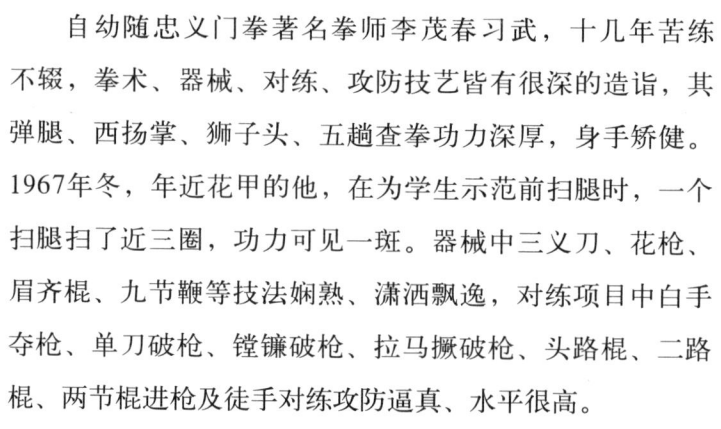

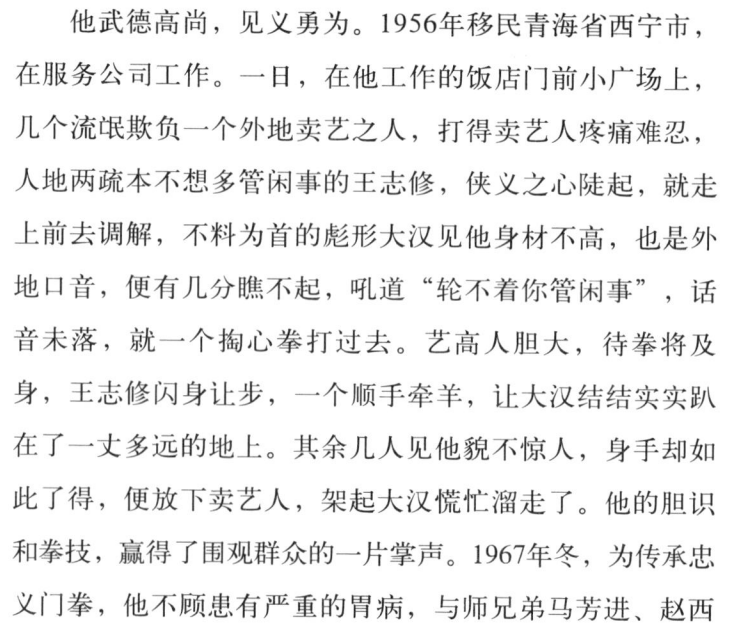

自幼随忠义门拳著名拳师李茂春习武，十几年苦练不辍，拳术、器械、对练、攻防技艺皆有很深的造诣，其弹腿、西扬掌、狮子头、五趟查拳功力深厚，身手矫健。1967年冬，年近花甲的他，在为学生示范前扫腿时，一个扫腿扫了近三圈，功力可见一斑。器械中三义刀、花枪、眉齐棍、九节鞭等技法娴熟、潇洒飘逸，对练项目中白手夺枪、单刀破枪、镗镰破枪、拉马撅破枪、头路棍、二路棍、两节棍进枪及徒手对练攻防逼真、水平很高。

他武德高尚，见义勇为。1956年移民青海省西宁市，在服务公司工作。一日，在他工作的饭店门前小广场上，几个流氓欺负一个外地卖艺之人，打得卖艺人疼痛难忍，人地两疏本不想多管闲事的王志修，侠义之心陡起，就走上前去调解，不料为首的彪形大汉见他身材不高，也是外地口音，便有几分瞧不起，吼道"轮不着你管闲事"，话音未落，就一个掏心拳打过去。艺高人胆大，待拳将及身，王志修闪身让步，一个顺手牵羊，让大汉结结实实趴在了一丈多远的地上。其余几人见他貌不惊人，身手却如此了得，便放下卖艺人，架起大汉慌忙溜走了。他的胆识和拳技，赢得了围观群众的一片掌声。1967年冬，为传承忠义门拳，他不顾患有严重的胃病，与师兄弟马芳进、赵西成、盖聚才等在条件十分简陋的情况下，开班收徒，义务授拳，为忠义门拳的普及和武术人才的培养做出了贡献。

5. 关德云 （1917—2011）

宁陵县城关回族镇东街村人，农民。

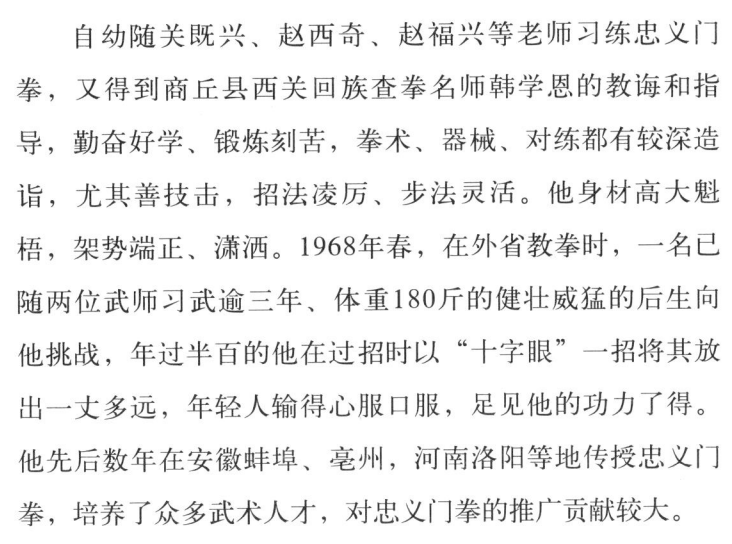

自幼随关既兴、赵西奇、赵福兴等老师习练忠义门拳，又得到商丘县西关回族查拳名师韩学恩的教诲和指导，勤奋好学、锻炼刻苦，拳术、器械、对练都有较深造诣，尤其善技击，招法凌厉、步法灵活。他身材高大魁梧，架势端正、潇洒。1968年春，在外省教拳时，一名已随两位武师习武逾三年、体重180斤的健壮威猛的后生向他挑战，年过半百的他在过招时以"十字眼"一招将其放出一丈多远，年轻人输得心服口服，足见他的功力了得。他先后数年在安徽蚌埠、亳州，河南洛阳等地传授忠义门拳，培养了众多武术人才，对忠义门拳的推广贡献较大。

1986年9月被宁陵县体委评为一级教练员。

关德云

6. 吕自才 （1919—1992）

宁陵县城关回族镇东关村人，农民。

自幼随老师关既兴习练忠义门拳，又得到商丘县西关回族查拳名师韩学恩的教诲和指导，不畏寒暑，刻苦锻炼，持之以恒，基本功扎实规范，拳术、器械、对练等几十个套路技法娴熟，功力深厚，尤以大刀为最，劈撩抹斩，砍截拦挑，呼呼生风，刀如猛虎，缠腰、绕脖、云胸、背花、掌花等让人眼花缭乱，给人以美的享受，时人称其"活关公"。

吕自才

20世纪六七十年代，与师父及众师兄弟一起义务教授忠义门拳，培养了一批武术人才，积极参加武术挖掘整理工作，为忠义门拳的整理工作做出了贡献。

1986年9月被宁陵县体委评为一级教练员。

7. 关玉玺（1916—1989）

宁陵县城关回族镇东关村人，农民。

自幼随关既兴老师习练忠义门拳，又得到了商丘县西关回族查拳名师韩学恩的教诲和指导，拳术、器械、对练、攻防技艺造诣颇深，功底扎实。

20世纪六七十年代，同师父关既兴和众师兄弟等义务授拳，培养了一批武术人才。积极参加武术挖掘整理工作，为忠义门拳的整理工作做出了贡献。

1986年9月被宁陵县体委评为一级教练员。

关玉玺

8. 金长才（1920—2002）

宁陵县城关回族镇东关村人，农民。

自幼随忠义门拳拳师关既兴习武，又得到商丘县西关回族查拳名师韩学恩的教诲和指导。拳术、器械、对练、攻防技艺造诣颇深，其四路架、五趟查拳、五虎断门刀、朴刀进枪等尤为精湛。

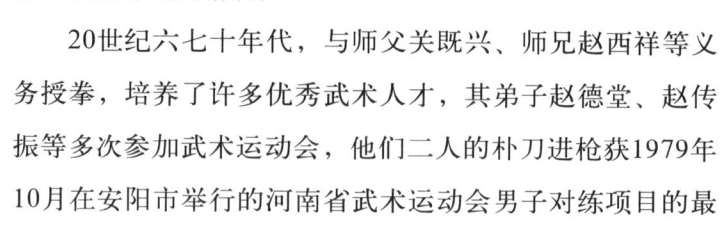

20世纪六七十年代，与师父关既兴、师兄赵西祥等义务授拳，培养了许多优秀武术人才，其弟子赵德堂、赵传振等多次参加武术运动会，他们二人的朴刀进枪获1979年10月在安阳市举行的河南省武术运动会男子对练项目的最高分，并最终取得第三名的好成绩。

1986年9月被宁陵县体委评为一级教练员。

金长才

9. 马芳彬（1917—2003）

宁陵县城关回族镇东街村人，自幼师从著名拳师李

马芳彬

茂春习练忠义门拳，几十年坚持不懈，颇受老师的喜爱。李茂春晚年长住他家，他做加工面条生意，忙时李茂春也伸手帮忙，闲时就传授武艺，故深得李茂春真传。其弹腿、西扬掌、五趟查拳、狮子头、三义刀、眉齐棍等功力深厚，两节棍进枪、单刀破枪等亦很精彩。他的猴拳练得惟妙惟肖，在模仿猴子蹿蹦跳跃、跌扑翻滚之时，点拿锁扣，杀机四伏，而他的硬气功也为世人称道，行功时用腰带将腰扎紧，运气后小腹凸起成盆底状，任你用钝器发力击打，只显一个白印，而无损身体，令人称绝。

1986年9月被宁陵县体委评为一级教练员。

10.赵西成（1914—1998）

宁陵县城关回族镇东街村人，忠义门拳三世著名拳师李茂春的义子。

自幼拜李茂春为师习练忠义门拳，十余年刻苦训练，坚持不懈，拳械、套路、攻防技艺、理论修养都有很高的水平，武德高尚，为人谦和，深受邻里敬仰。1967年冬为传承忠义门拳，与师兄弟马芳进、王志修、盖聚才等在条件十分简陋的情况下，开班收徒，义务教拳，为忠义门拳的传承、武术人才的培养做出了贡献。

1986年9月被宁陵县体委评为一级教练员。

赵西成

11.丁发祥（1924—2008）

宁陵县城关回族镇东街村人，汉族，农民。六岁拜关既兴为师习练忠义门拳，后又得到商丘县西关回族查拳名师韩学恩的教诲和指导，刻苦锻炼二十余年。其拳术、器械都有深厚的功底，与师兄关景云的对练更是默契、娴熟，令人称赞。在1977年元宵节宁陵县武术表演大会的晚

丁发祥

场表演上,他与师兄关景云表演"白手夺枪",一杆枪使得如蛟龙出海,上下翻飞,令数千观众眼花缭乱。他上扎枪时,师兄稍慢一瞬,他赶紧收劲停枪,然而枪尖还是将师兄的左眼上眼皮划破,观众看得心惊肉跳,表演结束后,赢得了几千名观众雷鸣般的掌声。

20世纪六七十年代,与老师关既兴、师兄赵西祥等一起,义务授拳,培养了一批武术人才。

1986年9月被宁陵县体委评为一级教练员。

12. 关振生（1922—2002）

宁陵县城关回族镇东街村人,忠义门拳三世拳师关既兴之长子。

自幼随父习练忠义门拳,又得到商丘县西关回族查拳名师韩学恩的教诲,十几年如一日,从不间断,拳术、器械、对练、功法、技击等都有较高造诣,他是师兄弟中掌握拳谚、口诀、功法较多的一位。20世纪六七十年代,与父亲和众师兄弟一起义务授拳,培养了一批武术人才。

1986年9月,被宁陵县体委评为一级教练员。

关振生

13. 马建山（1921—2016）

宁陵县城关回族镇东街村人,中共党员。

自幼拜李茂春为师习练忠义门拳,他谨遵老师教诲,刻苦锻炼,持之以恒,拳术、器械、对练等都有很扎实的功力。

1986年9月,被宁陵县体委评为一级教练员。

马建山

附录三 名家风采

1. 关玉堂

关玉堂

1946年8月生，宁陵县城关回族镇东关村人，著名忠义门拳四世拳师关永志之子，河南省一级拳师，现任宁陵县武术协会理事、宁陵县回族武术学校副校长兼主教练。

自幼随父亲习练弹腿、西扬掌，在师爷关既兴，老师赵西祥、关景云、关德云、吕自才、金长才等的悉心教导下，系统学习了忠义门拳的基本功法、拳械套路、攻防技术，十几年如一日，刻苦锻炼，熟练地掌握了拳术、器械、对练、功法等忠义门拳的大部分套路，拳理拳法清晰明白，造诣颇深，其西扬掌、狮子头、十三势、八义刀、二十四枪、眉齐棍、玉仙剑、十八刀、镗镰进枪、父子三杆枪、白手夺刀、三节棍进枪、三英战吕布等娴熟精湛。

2012年春，他积极参与了宁陵县回族武术学校的创建，7月开班授徒。他与教练员认真研究，创新教学方法，要求严格。学生进步很快，多次在武术健身比赛、表演中取得好成绩。2013年6月，在渑池举行的"仰韶·彩陶坊酒"杯河南省2013年传统武术精英赛暨黄河金三角地区传统武术邀请赛上，他获得了男子组其他短器械一等奖、男子E组其他拳优胜奖的好成绩。2014年5月，在南阳市举行的河南省第七届少数民族传统体育运动会上，在武术比赛中，他的枪术获单器械二等奖，与学生赵来杰的镗镰进枪以对练项目最高分获得一等奖，他助演的父子三杆枪也获得了一等奖，其学生马岩获女子双器械三等奖；在表演项目中，他与教练员一起创编的集体刀术、集体枪术分获综

合类一等奖与三等奖。2018年9月在郑州市举行的河南省第八届少数民族传统体育运动会上，他带领的宁陵县武术学校师生在武术和表演项目两项比赛中，共取得了五枚金牌、五枚银牌、三十二枚铜牌的好成绩，为商丘市增光添彩。

2014年4月他被商丘市文化广电新闻出版局命名为商丘市非物质文化遗产项目忠义门拳代表性传承人。2015年9月被河南省文化厅命名为河南省非物质文化遗产忠义门拳代表性传承人。

2.赵天河

1952年1月出生，宁陵县城关回族镇东关村人，中共党员，大专学历，高级经济师，正县级退休干部，农民企业家。现任宁陵县武术协会名誉会长，宁陵县回族武术学校校长。中国武术协会会员，中国武术六段，河南省一级拳师。

赵天河

自幼随伯父赵西祥习练忠义门拳，在师爷关既兴，老师关永志、关德云、关景云、金长才、吕自才等悉心指导下，刻苦训练，拳术、器械、对练均有很好的功夫，尤其双刀更为精彩，刀法娴熟，刀花协调圆活，身法飘逸潇洒，为世人称道，每次上场表演，均赢得热烈的掌声。2012年春，为了忠义门拳的传承和发展，他带领有关同志创建了宁陵县回族武术学校并任校长，武校学员在省、市、县各级武术比赛和表演中获得了几百个奖项。特别是2014年5月在河南省第七届少数民族传统体育运动会上，获得了三金二银二铜的好成绩，商丘市民族宗教局、宁陵县人民政府分别给予了通令嘉奖。他参与整理申报的忠义门拳2015年10月被列入河南省非物质文化遗产名录。

3. 马化林

马化林

1956年5月生,宁陵县城关回族镇东街村人,初中文化,现为中国武术协会会员,中国武术四段,中国武术段位制指导员,河南省一级拳师,现任宁陵县武术协会理事,宁陵县回族武术学校主教练。

九岁即师从关少云、关永志、关景云、吕自才、赵西祥、金长才等习练忠义门拳,还得到师爷关既兴的悉心指导,十几年拳不离手,刻苦练功。其十路弹腿、西扬掌、狮子头、五趟查拳等拳术功力厚实,八义刀、洛河枪、九节鞭、大刀等器械,法式纯熟,三不齐、父子三杆枪、三节棍、两杆枪等对练套路尤为精彩。

1977—1979年三次随老师赵西祥代表宁陵县参加商丘地区武术表演。1979年10月代表商丘地区参加了在安阳市举行的河南省武术运动会,并为在安阳举行的五国跳伞邀请赛的中外教练员、运动员表演了上述精彩套路。1984年9月代表商丘地区参加了在郑州举行的河南省第二届少数民族传统体育运动会。

1983年他被县体委聘为教练员,参加了全县暑假青少年武术培训班的教学工作,为全县武术活动的普及做出了贡献。

1997年与师兄关伟一起开办东关业余武馆,教授忠义门拳及国家规定套路和自选套路,学生关金凤(女)、杨化录、姚化松在1999年9月商丘市武术(套路)锦标赛上取得两银一铜的好成绩。

2012年6月以来,他积极参与宁陵县回族武术学校的教学训练工作,兢兢业业、任劳任怨,既继承传统又与时俱进,业绩喜人。2013年6月在渑池由河南省武术管理中心举办的"仰韶·彩陶坊酒"杯河南省2013年传统武术精英赛

暨黄河金三角地区传统武术邀请赛上获得了男子C、D组刀术一等奖，男子D组其他拳优秀奖。

2013年7月，在商丘市武术管理中心举办的商丘武术健身大会上荣获优秀教练员称号。

2014年5月，在河南省第七届少数民族传统体育运动会上，他与关伟、关玉堂的对练父子三杆枪获一等奖，并荣获优秀运动员称号。他的学生马岩获女子双器械三等奖。他主编的集体刀术获综合类表演项目一等奖，参与编导的集体枪术获三等奖。

2017年5月，武动中原"体彩杯"河南省传统武术大赛商丘赛区的比赛在宁陵县举行，他作为教练员兼运动员，率队参赛，取得了九个一等奖、十四个二等奖、十三个三等奖的好成绩，他个人的拳术、器械也获得了两个二等奖。

2017年10月，武韵中原"体彩杯"河南省首届传统武术大赛总决赛在郑州市举行，他作为教练员带领十名队员，取得了六个一等奖、五个二等奖、六个三等奖、五个优胜奖和一个展示奖，在三十三支参赛队中，名列总分第七，荣获团体优胜奖，并获得价值两万元的训练器材。

2018年9月，在郑州市举行的河南省第八届少数民族传统体育运动会上，武校师生在武术和表演项目两项比赛中，共取得了五枚金牌、五枚银牌、三十二枚铜牌的好成绩，他也荣获了优秀教练员称号，为商丘市赢得了荣誉。

4. 丹化章

1950年6月生，宁陵县城关回族镇东街村人，中国武术协会会员，中国武术六段，中国武术段位制考评员、指导员，河南省一级拳师、国家一级社会体育指导员，现任宁陵县武术协会副会长、宁陵县太极拳协会会长、宁陵县回

丹化章

族武术学校副校长。

1967年随忠义门拳三世著名拳师李茂春弟子王志修、马芳进、赵西成、盖聚才等习武练拳，学习了弹腿、西扬掌、刀枪棍鞭等单练套路及徒手和器械对练，又随全国优秀武术辅导员赵西祥习练三路架，随金长才习练四路架等忠义门拳拳术套路。

1971年至1991年在宁陵县体委做教练工作。1978年4月参加河南省体委在林县举办的全省武术教练员培训班，学习了武术理论裁判法和初级刀枪剑棍拳等，从丁功和老师学习简化太极拳；1984年11月参加了在郑州举行的河南省武术干部培训班，学习了武术挖掘整理工作的政策和方法。

20世纪80年代起，在宁陵县义务进行太极拳教学活动，学员众多，是宁陵县太极拳健身活动的开拓者。1984年春任商丘地区武术挖掘领导小组成员，执笔撰写了近十万字的拳械录和两万字的宁陵县武术史，其中《忠义门拳》《太洪拳》中约四万字被收录进《河南省武术拳械录》。1985年被评为河南省武术挖掘整理工作先进个人，全国优秀体育裁判员。

1983年年底参与筹备成立了宁陵县武术协会并任秘书；2011年春参与筹备成立宁陵县太极协会并任副会长，2015年任会长；2012年6月参与筹备恢复了宁陵县武术协会并任副会长。

2012年春，为了忠义门拳的传承和发展，会同县伊斯兰教协会领导创建了宁陵县回族武术学校并任副校长，积极组织整理忠义门拳文字和影像资料，申报非遗项目。2013年4月，忠义门拳被列入商丘市非物质文化遗产名录；5月，宁陵回族武术学校被商丘市文化广电新闻出版局命

名为商丘市非物质文化忠义门拳传习所；6月，在渑池举行的"仰韶·彩陶坊酒"杯河南省2013年传统武术精英赛暨黄河金三角地区传统武术邀请赛上，武校共获得五个一等奖、一个二等奖、四个优秀奖，他的四十二式太极拳、二十四式太极剑双获优秀奖。2014年5月，在河南省第七届少数民族传统体育运动会上，武校取得了三金二银二铜的好成绩，有三人获体育道德风尚奖，他也荣获优秀教练员奖。2015年9月，"体彩杯"2015年河南省首届中国武术段位制比赛在新乡市举行，作为教练员，他带领八名队员取得了三个三等奖、六个优胜奖的好成绩。他参与整理申报的忠义门拳2015年被列入河南省非物质文化遗产名录。2012—2015年，他先后四次被河南省老年人体育协会评为河南省老年优秀社会体育指导员。被商丘市教育体育局、商丘市体育总会评为2015年度优秀社会体育指导员，被中共商丘市委组织部、商丘市老干部局评为2015年度离退休先进个人。2016年10月，"体彩杯"2016年河南省中小学武术段位制比赛豫东赛区的比赛在宁陵县举行，他在做好食宿安排等后勤接待工作的同时，还带领教练组外出学习，认真组织队伍参赛，精心强化技术训练，以回族武术学校学员为主的两支中小学代表队取得了一金二银一铜的骄人成绩。2017年5月，武动中原"体彩杯"河南省首届传统武术大赛商丘赛区的比赛在宁陵县举行，他担任大会裁判组编排记录长，工作细致负责，保证了大赛的顺利进行。

2017年8月，他带队参加了在开封市举行的"体彩杯"2017年河南省第三届中国武术段位制大赛，夺得了一个一等奖、四个二等奖、五个三等奖的好成绩。

2017年10月，武韵中原"体彩杯"河南省首届传统武术大赛总决赛在郑州市举行，他作为领队带领十名队员取得了六个一等奖、五个二等奖、六个三等奖、五个优胜奖和一个展示奖，在三十三支参赛队中名列总分第七，荣获团体优胜奖，并获得价值两万元的训练器材，成绩骄人！

2018年9月，在郑州市举行的河南省第八届少数民族传统体育运动会上，武校师生在武术和表演项目两项比赛中，共取得了五枚金牌、五枚银牌、三十二枚铜牌的好成绩，这是商丘市参加河南省少数民族传统体育运动会的最好成绩。他也荣获了优秀教练员称号。

5. 刘洪亮

刘洪亮

1956年9月出生，中专学历，宁陵县城关回族镇东关村人。正科级退休干部，曾任县政协办公室副主任、县民族宗教局副局长，现任宁陵县伊斯兰教协会副会长兼秘书长、宁陵县武术协会理事、宁陵县回族武术学校副校长、中国武术协会会员、国家一级社会体育指导员、中国武术六段、河南省一级拳师、河南省荣誉一级武术裁判员。

自幼随老师金长才、赵西祥、关景云、关永志、吕自才等习练忠义门拳，又得到了师爷关既兴的指导和教诲，较好地掌握了弹腿、西扬掌、狮子头、三路架、四路架、八义刀及其他器械和对练套路，基础扎实，功力深厚。2012年春，会同县有关同志创建了宁陵县回族武术学校，推动了忠义门拳的传承和发展。他多次带队参加省、市、县武术表演和比赛。几年来，武校学员获得了金、银、铜几百枚奖牌。2014年5月，在河南省第七届少数民族传统体育运动会上，获得了三金二银二铜的好成绩。商丘市民族宗教局、宁陵县人民政府分别给予通令嘉奖。他参与整理申报的忠义门拳2015年10月被列入河南省非物质文化遗产名录。

2016年5月，他参加了河南省第二期社会体育指导员培训班，理论水平有了很大的提高。

2017年5月，武动中原"体彩杯"河南省首届传统武术大赛商丘赛区的比赛在宁陵举行，他担任裁判员，工作认真，受到好评。

2018年9月，在郑州市举行的河南省第八届少数民族传统体育运动会上，武校师生在武术和表演项目两项比赛中，共取得了五枚金牌、五枚银牌、三十二枚铜牌的好成绩，他也荣获了优秀教练员称号。

6.关晓志（1951—1999）

宁陵县城关回族镇东街村人，初中文化程度，中共党员，著名武术运动员、教练员、裁判员。

关晓志

自幼随父亲关少云、叔父关景云习练武术基本功，在老师赵西祥、关永志、金长才、吕自才、关德云的指导下，较为系统地学习了忠义门拳的十路弹腿、西扬掌、狮子头、三路架，刀、枪、剑、棍等器械和对练套路，以及攻防格斗功法训练，又得到了师爷关既兴的悉心指导，十几年刻苦训练，不避寒暑。其拳术、器械、对练均造诣颇深，功力深厚，拳术势端架正，飘逸潇洒，劲力充沛。八义刀、二十四枪、眉齐棍、九节鞭招法娴熟，对练单刀、两节棍进枪、双刀破梢子、三英战吕布等攻防逼真快速紧凑，令人叫绝。1977—1979年随老师赵西祥三次代表宁陵县参加了商丘地区武术表演。1977年10月参加河南省在郑州举行的武术比赛，获集体表演项目（枪术）第六名；1978年9月参加了河南省第四届全运会的武术比赛；1979年10月随老师赵西祥参加了在安阳市举行的河南省武术运动会。1983年他被县体委聘为教练员，参加了县暑假青少年武术训练班，负责近70名女学员的训练任务，为宁陵县武术运动的发展做出了贡献。1984年9月与叔父关景云、师弟马化林参加了在郑州市举行的河南省第二届少数民族传统体育运动会，成为宁陵县20世纪参加省级武术比赛最多的运动员。

1984年11月，他参加了在郑州市举办的河南省武术干部培训班，系统学习了武术理论和政策法规。

1985年4月，他作为主教练培训了县武术代表队，八名队员在5月份举行的商丘地区第二届全运会的武术比赛中，取得了两金、十银、五铜共计十七枚奖牌，团体总分第二名的好成绩。他还出席了全运会，担任裁判。1985年9月在延津县举办河南省首届武术重点县武术比赛，他又出任裁判员。1986年9月，他被宁陵县体委评为一级教练员。

7. 关伟

1954年9月生，宁陵县城关回族镇东街村人，初中文化，著名武术运动员、教练员，宁陵县武术协会理事，河南省一级拳师。

九岁随师爷关既兴习练忠义门拳，在赵西祥、关永志、吕自才、姚金富、马广富、关少云、关景云、关德云等老师的教导下，系统地学习了忠义门拳的弹腿、拳术、长短器械和对练，十八年练功不辍。熟练地掌握了拳术、器械对练等四十多个套路，其二十四枪、雪片刀、双刀、刀加鞭、父子三杆枪、两节棍进枪、三不齐、三头忙等尤为娴熟精湛，1977—1979年随老师赵西祥三次代表宁陵县参加了商丘地区武术表演。1977年受师爷关既兴委派，去义马跃进矿业业余武术队协助杨天兴做教练工作。1977年10月参加了在郑州市举行的河南省武术比赛，并获集体枪

术第六名。1978年9月参加河南省第四届全运会的武术比赛。1979年10月随老师赵西祥参加了在安阳市举行的河南省武术运动会。

1979年开始授徒，1983年他被宁陵县体委聘为教练员，参加了县暑假青少年武术培训班的教学工作，为宁陵县武术活动的普及做出了贡献。1984年4月，其弟子姚金雷、关晓梅在商丘地区少年武术选拔赛上分别获得少年组男、女个人全能第一名。

1985年5月，在商丘地区第二届全运会的武术比赛中，其学生姚金雷、关晓梅等拿了一金、五银六枚奖牌。1986年9月他被宁陵县体委评为县一级武术教练员，弟子姚金雷于1988年代表商丘地区参加了河南省第三届少数民族传统体育运动会。

1997年与师弟马化林一起开办东关业余武馆，教授忠义门拳以及国家规定套路、自选套路。学生关金凤、杨化录、姚化松在1999年9月商丘市武术套路锦标赛上取得两银一铜的好成绩。

2012年春，他参与了宁陵县回族武术学校的基建工作，开班后任教练。2013年6月在渑池举行的"仰韶·彩陶坊酒"杯河南省2013年传统武术精英赛暨黄河金三角地区传统武术邀请赛上获得了男子双器械E组其他拳两个一等奖。2014年5月在南阳市举办的河南省第七届少数民族传统体育运动会武术比赛中获得男子传统四类拳二等奖，与马化林、关玉堂合作的对练父子三杆枪获对练项目一等奖，以他为主编导的集体枪术获综合类表演项目三等奖，为商丘市争得了荣誉。

8. 赵德堂

赵德堂

1956年11月生，宁陵县城关回族镇东关村人，高中文化程度，著名武术运动员、教练员。

七岁即师从赵西祥、金长才、关永志、关景云、吕自才等习练忠义门拳，还得到了师爷关既兴的指导，十几年拳不离手，刻苦练功。十路弹腿、西扬掌、狮子头、五趟查拳等拳术功力扎实。八义刀、大刀、花枪等技法娴熟，朴刀进枪、三节棍进枪等对练套路，攻防逼真，尤其精彩。1977—1979年随老师赵西祥三次代表宁陵县参加了商丘地区举行的武术表演，赢得广泛赞誉。1979年10月随老师赵西祥代表商丘地区参加了在安阳市举行的河南省武术运动会，他与赵传振的朴刀进枪以娴熟默契的配合、快速逼真的技法，获得了裁判员和观众的一致好评，得了对练项目的最高分8.2分，只因其他项目略逊一筹而屈居总成绩第三名，为商丘地区争得了荣誉。他还为安阳市举行的五国跳伞邀请赛的外国运动员、教练员表演了朴刀进枪等优秀的对练。

1983年他被宁陵县体委评为优秀教练员，参加了县暑假青少年武术培训班的教学工作，为宁陵县武术运动的普及做出了贡献。

2012年宁陵县武术协会恢复成立，他任武术协会理事。

9. 赵传振

赵传振

1955年12月生，宁陵县城关回族镇东关村人，高中文化程度，1977年10月参加工作，曾任宁陵县中医院纪检副书记。

九岁随哥哥赵传鹏一同学习武术基本功，在师爷关既兴，老师赵西祥、金长才、关永志、关景云、吕自才的

亲切指导下，系统地学习了忠义门拳的弹腿、狮子头、西扬掌、查拳、长短器械和对练等，二三十个套路均比较娴熟，其五虎断门刀、大刀、三节棍进枪、朴刀进枪等套路尤为精湛。1977—1979年随老师赵西祥三次参加商丘地区武术表演。1979年10月随老师赵西祥参加了在安阳举行的河南省武术运动会，他与队友赵德堂的朴刀进枪攻防逼真、熟练紧凑、配合默契，赢得了观众和裁判的一致好评，获得了对练项目的最高分8.2分，只因其他项目略逊一筹而屈居总成绩第三名，为商丘地区争得了荣誉。

10.关晓领

1962年11月生，宁陵县城关回族镇东街村人，高中文化程度，河南省武术老拳师关景云之子，现任宁陵县武术协会理事。

关晓领

自幼随父亲习练武术基本功，师从关永志、赵西祥、吕自才、关德云、伯父关少云学习忠义门拳，还得到了师爷关既兴的亲切关爱和指导，在攻防技击上还得到师爷李茂春的弟子马春轩老师的指导和教诲，刻苦训练不分寒暑，基本功扎实，弹腿、西扬掌、狮子头、五趟查拳架端势正，手眼身法步十分到位，八义刀、洛河枪、大刀等器械，身械合一，法式纯正，招式娴熟，其演练的虎头双钩为人称道。他还曾师从吕式心意六合拳代表人物吕瑞芳大师习练心意拳。人经三师武艺高，在众多老师的辛勤培养下，形成了他拳理清晰明白、招法正确娴熟、功力雄厚又潇洒大方的特点。

1983年他被县体委聘为教练员，参加了县暑假青少年武术培训班的教学工作，为宁陵县武术运动的普及做出了贡献。

1985年4月,他作为师兄关晓志的助手参与了县青少年武术队的训练工作,5月他作为教练员带队参加了商丘地区第二届全运会的武术比赛,八名队员取得了两金、十银、五铜共计十七枚奖牌的好成绩,为宁陵县赢得了荣誉。

2012年宁陵县武术协会恢复,他当选为理事。

11. 海兴福

1963年8月生,宁陵县城关回族镇东街村人,中国武术协会会员,中国武术五段,现为宁陵县回族武术学校教练员。

海兴福

自幼随忠义门拳知名拳师关伟、马化林习武练拳,十几年寒暑不断,风雨不停,刻苦用功,巧练精练,基本功扎实,较好地掌握了弹腿、西扬掌、五趟查拳、狮子头、三路架等武术套路,八义刀、玉仙剑等器械,镗镰进枪、三不齐、三英战吕布等对练套路,尤其是五趟查拳、八义刀功力纯厚,造诣较高,颇为行家称道。

2017年5月,武动中原"体彩杯"河南省首届传统武术大赛商丘赛区的比赛在宁陵县举行,他取得了拳术、短器械两个一等奖。同年10月,武韵中原"体彩杯"河南省首届传统武术大赛在郑州市拉开帷幕,面对省内高手,他再接再厉,勇于拼搏,他的八义刀夺取短器械一等奖,五趟查拳取得二等奖的好成绩,为忠义门拳赢得了荣誉。

2018年9月,在郑州市举行的河南省第八届少数民族传统体育运动会的武术比赛中,他获取查拳、刀术、对练三个第一名,成为唯一一个三枚金牌得主而惊艳全场。

12. 姚金雷

1966年生，宁陵县城关回族镇东街村人，初中文化程度，著名武术运动员。八岁随忠义门拳著名拳师赵德山、关晓志、关伟习武，较为系统地学习了弹腿、西扬掌、狮子头、三路架、四路架、五趟查拳和八义刀、双刀、大刀、二十四枪、眉齐棍、玉仙剑等套路及单刀破枪、朴刀破枪、三节棍进枪、三英战吕布等对练套路，还学习了国家规定套路和自选套路，十年苦练，风雨无阻，拳术、器械、对练都达到了较高的运动水平，尤以八义刀和枪术造诣颇深，功力纯厚，为行家赞许。

1984年4月获商丘地区少年武术选拔赛个人全能第一名，1985年4月荣获宁陵县武术运动会甲组男子拳术、长器械、全能三个第一名。后跟随县体委教练丹化章到河南省武术处向河南省工人武术代表队的高手学习自选拳、自选枪套路，运动水平得到了进一步的提高。在1985年5月举办的商丘地区第二届全运会的武术比赛中，取得了一金一银和一个第三名的好成绩。1987年10月他又代表商丘地区参加了在平顶山市举行的河南省第三届少数民族传统体育运动会，为宁陵县赢得了荣誉。

姚金雷

13. 赵来杰

1969年6月生，宁陵县城关回族镇东关村人，大专文化，中共党员，中国武术协会会员，中国武术六段，中国武术段位制考评员、指导员，河南省一级拳师，现任宁陵县武术协会副秘书长、宁陵县回族武术学校副校长。

自幼随全国优秀辅导员、河南省武术老拳师赵西祥习练忠义门拳，在老师关玉堂的指导下，刻苦训练，不惧寒暑，十九年坚持不懈，基本功扎实，拳术、长短器械、对

赵来杰

练项目都有较高水平，尤以大刀为最，是忠义门拳六世拳师中的佼佼者。

2012年4月以来，他积极参与宁陵县回族武术学校的建设和教学工作。2013年6月，在渑池"仰韶·彩陶坊酒"杯河南省2013年传统武术精英赛暨黄河金三角地区传统武术邀请赛上，他的大刀荣获男子D、E组长器械一等奖，拳术获男子D组其他拳优秀奖。2013年7月，在商丘市武术健身大会上荣获优秀教练员称号；同年9月在"张弓杯"宁陵县第三届全民运动会的武术比赛中获男子器械第二名。2014年5月，在河南省第七届少数民族传统体育运动会上，他与老师关玉堂演练的镋镰进枪以武术对练项目的最高分获得一等奖，并荣获体育道德风尚奖。

14.关焕明

关焕明

1977年6月生，宁陵县城关回族镇东关村人，大专学历，小学一级教师。中国武术协会会员，中国武术五段，中国武术段位制考评员、指导员，河南省荣誉一级武术裁判员、二级教练员。任教于宁陵县城关镇回民小学，宁陵县回族武术学校兼职教练员。

自幼随老师关玉堂习练忠义门拳，十几年刻苦训练，较好地掌握了弹腿、西扬掌、狮子头、器械、对练等套路。2012年暑假开始，参与宁陵回族武术学校的教学活动。积极开展中国武术段位制的推广工作。2015年9月参加了在新乡市举办的体彩杯·2015年河南省首届中国武术段位制比赛，获个人B组长拳（三、四段）优胜奖、集体项目优胜奖，所教学生获得了一个二等奖、一个三等奖、四个优胜奖。2016年10月参加了在宁陵县举行的"体彩杯"2016年河南省中小学武术段位制豫东赛区的比赛，

其学生夺得了一个一等奖、两个二等奖、一个三等奖的好成绩，他被评为优秀辅导员。2017年5月，武动中原"体彩杯"河南省首届传统武术大赛商丘赛区的比赛在宁陵县举行，他作为大赛裁判员担任检录长，带领检录员履行职责，认真负责，做好检录工作，为大会圆满成功做出了贡献，被评为优秀裁判员。

2018年9月，他参加了在郑州市举行的河南省第八届少数民族传统体育运动会的表演项目比赛，荣获了两枚铜牌。

15. 范常文

1967年3月生，宁陵县城关回族镇东街村人，初中文化程度，著名武术运动员。

自幼随忠义门拳著名拳师关晓志、赵德山、关伟习武，系统地学习了十路弹腿、西扬掌、八义刀等拳械套路和国家规定的套路及自选套路，训练刻苦，精益求精，基本功扎实，悟性好，其自选拳、八义刀、自选刀颇为精彩。1985年4月随县体委教练丹化章到省体委武术处向河南省工人武术代表队的高手学习自选拳、自选刀两个套路，竞技水平得到了很大提升；同年5月份在商丘地区第二届全运会的武术比赛中，夺得男子青年组拳术第一名、短器械第二名、集体基本功第二名和团体总分第二名的好成绩。

16. 马昌锋

又名马建峰，1974年9月生，宁陵县城关回族镇东街村人，高中文化程度，现任东街村委治保主任。

八岁跟随忠义门拳著名拳师关晓志、赵德山习练弹腿、西扬掌等忠义门拳械和国家规定套路、自选套路，训练刻苦，基本功扎实。1985年4月在全县武术运动会上脱颖而出，一举夺得男子少年组拳术、器械、全能三个第一名，继而入选县武术代表队；在同年5月举行的商丘地区第二届全运会武术比赛中，夺得了男子少年组自选拳第五名、自选短器械第二名及集体基本功第二名、团体总分第二名；同年10月代表宁陵县参加了河南省武术工作重点县在延津县举行的比赛。1986年11月在全县教拳点武术比赛中，夺得少年乙组男子拳术第一名、器械第一名。1989年9月获全县群众体育活动月武术选手表演优秀奖。1990年9月在商丘地区第三届全运会的武术比赛中，取得男子组少林拳太极拳第四名、男子组长器械第七名的好成绩。他是宁陵县较为优秀的武术选手，为宁陵武术赢得了很多荣誉。